essentials liefern aktuelles Wissen in konzentrierter Form. Die Essenz dessen, worauf es als „State-of-the-Art" in der gegenwärtigen Fachdiskussion oder in der Praxis ankommt. *essentials* informieren schnell, unkompliziert und verständlich

- als Einführung in ein aktuelles Thema aus Ihrem Fachgebiet
- als Einstieg in ein für Sie noch unbekanntes Themenfeld
- als Einblick, um zum Thema mitreden zu können

Die Bücher in elektronischer und gedruckter Form bringen das Fachwissen von Springerautorinnen kompakt zur Darstellung. Sie sind besonders für die Nutzung als eBook auf Tablet-PCs, eBook-Readern und Smartphones geeignet. *essentials* sind Wissensbausteine aus den Wirtschafts-, Sozial- und Geisteswissenschaften, aus Technik und Naturwissenschaften sowie aus Medizin, Psychologie und Gesundheitsberufen. Von renommierten Autorinnen aller Springer-Verlagsmarken.

Dominik Griese · Tom Inden-Lohmar

Marken im Metaverse

Chancen und Risiken. Best and
Worst Cases. Herausforderungen
und Lösungen.

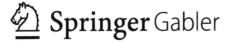

Dominik Griese
Köln, Deutschland

Tom Inden-Lohmar
Berlin, Deutschland

ISSN 2197-6708   ISSN 2197-6716   (electronic)
essentials
ISBN 978-3-658-40950-0   ISBN 978-3-658-40951-7   (eBook)
https://doi.org/10.1007/978-3-658-40951-7

Die Deutsche Nationalbibliothek verzeichnet diese Publikation in der Deutschen Nationalbibliografie; detaillierte bibliografische Daten sind im Internet über http://dnb.d-nb.de abrufbar.

Planung/Lektorat: Rolf-Günther Hobbeling
Springer Gabler ist ein Imprint der eingetragenen Gesellschaft Springer Fachmedien Wiesbaden GmbH und ist ein Teil von Springer Nature.
Die Anschrift der Gesellschaft ist: Abraham-Lincoln-Str. 46, 65189 Wiesbaden, Germany

Was Sie in diesem *essential* finden können

- Einen Überblick über die Entwicklung von Marken und Markenführung
- Die wichtigsten Erklärungen, Definitionen und Begrifflichkeiten über das WEB3 und seine Metaversen
- Verständliche Darstellung pragmatischer Fallbeispiele verschiedener Metaverse Experiences
- Die wichtigsten Schritte für die Planung und Umsetzung eines funktionierenden Metaverse Case

Inhaltsverzeichnis

Über die Autoren

Dominik Griese ist kommunikativer Nerd, WebTekkie, Metaverse-Enthusiast und auf dem besten Weg der deutsche „Mista Metaverse" zu werden. Sein Blog „The MetaSpace" versorgt tagtäglich die Metaverse-Gemeinde mit den neusten Informationen, Trends und Entwicklungen.

Tom Inden-Lohmar ist seit fast 30 Jahren Experte für „Emotional Brand Building". Der Buchautor, Coach und Speaker berät mit seinem Unternehmen „The Soul Managers" Unternehmen bei nachhaltigem Markenaufbau und Markenführung.

Mit ihrem gemeinsamen Unternehmen „Strange New Worlds" bieten Griese und Inden-Lohmar Menschen und Marken Metaverse Education und entwickeln kreative Konzepte für den Einstieg ins Web3. Jede Woche hosten Sie den gnadenlos ehrlichen Metaverse-Podcast „Pracht & Elend".

Die Macht der Marke – gestern, heute und morgen

1

Einen historischen Aufriss über die Wichtigkeit und Macht von Marken braucht sicher niemand mehr. Hierzu ist vieles, wenn nicht sogar alles geschrieben. Es gilt aber nun die zukünftigen Chancen und Risiken für Marken im Web3.0 und seinen Metaversen zu verstehen. Und dazu ist ein kurzer Rückblick und eine ebenso kurze aktuelle Bestandsaufnahme unbedingt notwendig. Denn sonst macht der Ausblick nur halb so viel Sinn.

1.1 Gestern. Ein Paradies für Marken

Betrachtet man heute die Entstehung dessen was heute den Begriff «Marke» verdient, dann reisen wir ca. 300 Jahre in die Vergangenheit. Klangvolle Namen, die auch heute noch eine fast magische Wirkung haben, werden heute als die ersten Markenartikel bezeichnet. Der Stiftproduzent Faber-Castell (1761), die Kölner Duftmanufaktur Farina (1709) oder die Porzellan Manufaktur Meissen (1710) sind nur einige Beispiele.

Die Markenbildung war zu diesem Zeitpunkt noch sehr einfach zu bewerkstelligen. Es reichte völlig aus, entweder den eigenen Familiennamen oder die Ortsbezeichnung des Firmenstandortes als Markennamen zu wählen. Große Kreativprozesse zur Erfindung eines möglichst fantasievollen Markennamens waren nicht notwendig, die «Personal Brand» wie sie heute genannt wird, reichte dafür völlig aus. Alleinstellung war in der Regel gegeben, die Verwechslungsgefahr konnte als gering eingestuft werden, der Boden für eine starke Markenbildung bereitet.

Aber auch in diesen Zeiten gab es Produktpiraterie und Plagiatstreitigkeiten, die den Markenaufbau empfindlich störten. Eine der sicher spannendsten

D. Griese und T. Inden-Lohmar, *Marken im Metaverse*, essentials, https://doi.org/10.1007/978-3-658-40951-7_1

Geschichten rankt sich um das «Eau de Cologne», das echte Kölnisch Wasser. Auch wenn ein Großteil der Geschichte sicher dem Bereich der Legenden zugeordnet werden muss, es zeigt trotzdem das Risiko der «Personal Brand» in diesen Zeiten auf. Denn das Kölner Unternehmen Mühlens, ebenfalls ein Hersteller von Düften und heute unter dem Markenzeichen 4711 bekannt, holte sich einfach einen nicht verwandten Namensvetter des Erfinders des «Eau de Cologne» Giovanni Maria Farina ins Haus. Und behauptete von diesem die Rezeptur gekauft zu haben und daher dessen Namen verwenden zu dürfen. Eine faszinierende Geschichte, die schon Stoff von Büchern und TV-Dokumentationen war und sehr unterhaltsam die Anfänge der Markenbildung zeigt.

Um all dem einen Riegel vorschieben zu können wurde 1875 das erste deutsche Markenschutzgesetz verabschiedet, das erste eingetragene Markenzeichen soll die beiden sich kreuzenden Schwerter der Staatlichen Porzellan-Manufaktur Meissen gewesen sein.

1.1.1 Als Marketing noch einfach war

Auch wenn sicher niemand vor hundert Jahren den Begriff «Storytelling» im Zusammenhang mit Marken und Produkten verwendet hat, so war es auch damals schon die Grundlage des Erfolges. Nur waren die Geschichten einfach zu schreiben und zu erzählen. Es waren die packenden Familiengeschichten der Hersteller, die geheimnisvollen Rezepturen der Produkte oder die traditionellen Gegebenheiten der Herstellungsregionen. Und es war die Sinnhaftigkeit und der Mehrwert des Produktes. Zu einer Zeit in der Seuchen grassierten, Körperpflege aus Angst vor Ansteckung ein Tabu war und die Brunnen Kölns bestialisch nach faulendem Wasser stanken, machte ein «Eau de Cologne» Sinn. Einige Tropfen auf ein Taschentuch unter die Nase gehalten machten den Gang durch die Strassen halbwegs erträglich. Da brauchte es keine kunstvoll erfundenen Markenstories.

Es sprengt jeden Rahmen, wenn wir versuchen die Entwicklung von Marken und Marketing in der Zeit des 19. und frühen 20. Jahrhunderts genau zu betrachten. In dieser Zeit entstanden Marken, die heute noch die Jugend gepachtet zu haben scheinen wie Coca-Cola (1886) oder Wrigley (1893). In dieser Zeit wurde in Berlin die ersten Litfaßsäule aufgestellt, die ersten Anzeigenblätter erschienen, Der erste Werbefilm wird 1930 auf einer Friseurmesse in London gezeigt. Einige Jahre später verfasste Hans Domitzlaff das Buch «Die Gewinnung des öffentlichen Vertrauens», bis heute so etwas wie die Bibel der Markentechnik. Marken wie z. B. das Waschmittel Persil investieren für die damalige Zeit unfassbare Summen von 1.000.000 Mark in Werbung. 1907 erscheint die erste ganzseitige

Anzeige für Persil in der Düsseldorfer Zeitung. Und die wird auch damals schon nicht günstig gewesen sein.

Aber Marken haben es in diesen Zeiten im Gegenteil zu heute immer noch paradiesisch einfach. Denn es gilt in allererster Linie das Markenprodukt und seinen Produktnutzen bekannt zu machen, das Interesse und die Neugier für das Unbekannte bei den Verbrauchern zu erzeugen. Eine Alleinstellung ist durch Innovation und Einzigartigkeit gegeben, Wettbewerb so gut wie nicht vorhanden. Ohne diese traumhafte Ausgangssituation wäre es Marken wie Tempo, Tesa oder Uhu kaum möglich gewesen, zu generischen Marken und Gattungsbegriffen zu werden und heute noch zu sein. Und das obwohl oder vielleicht auch wegen der jähen Unterbrechung der Markengeschichte. Denn 1941 verboten die Nationalsozialisten jegliche Werbung für Produkte, die vorhandenen Medien wurden ausschließlich für Propaganda-Zwecke genutzt. Das in den folgenden fast zehn Jahren die Menschen anderen Sorgen hatten als Markenartikel zu kaufen muss nur der guten Ordnung halber erwähnt werden.

Was dann aus den bis dahin erfolgreichen und starken Marken wurde, das nennen wir heute «Love Brand» und was in den Köpfen der Verbraucher vorging kann man getrost mit dem vergleichen was wir heute als «Fomo (Fear of missing out)» kennen.

1.1.2 Der Siegeszug der Marke

Der wirkliche Siegeszug der Marke begann mit dem wirtschaftlichen Aufschwung in den 1950ern. Zum einen kehrten die alten Marken zurück und waren durch die jahrelange Nichtverfügbarkeit zu wirklichen Legenden geworden. Sie hatten den Status wie ihn in der heutigen Markenwelt «Love Marks» oder «Love Brands» haben. Unabdingbares Vertrauen, das Verlangen der Verbraucher diese Produkte wieder zu nutzen oder zu besitzen. Schaut man sich Kampagnen für Markenartikel in den 1950ern an, titeln diese oft nur «Endlich wieder da» oder «Da bin ich wieder». Zum anderen kamen neue Produkte auf den Markt. Es entstanden ganz neue Segmente wie die Elektrifizierung des Haushalts. Toaster und Mixer, Waschmaschine und Kühlschrank. Und wieder musste keine hochkreativen Markenstories erfunden werden. Hersteller, Produkt, Produktnutzen und Preis reichten als Verbraucherinformation aus.

Den Anfang vom Ende der paradiesischen Zustände für Markenaufbau können wir grob in die späten 1970er und frühen 1980er verorten. Manfred Bruhn, Professor für Marketing und Unternehmensführung an der Universität Basel, ist unbestritten einer der deutschen Experten für Marke und Marketing. Nach seiner Meinung hat sich das moderne Marketing in sieben Dekaden entwickelt. Die 1970er stehen hierbei für ihn für die «Marktorientierung», die 1980er für die zunehmende «Wettbewerbsorientierung». Das Produktangebot wurde zunehmend größer, die Produktvielfalt und der daraus resultierende Wettbewerb führte erstmals dazu, dass sich Unternehmen mit so etwas wie Zielgruppen für ihre Marken beschäftigten. Werbung richtete sich nicht mehr automatisch an alle, sie wurde nun immer mehr auf ganz konkrete Zielgruppen und deren Bedürfnisse hin gerichtet. Der schon 1940 vom amerikanischem Werbepionier Rosser Reeve entwickelte Begriff der «Unique Selling Proposition (USP)» wurde jetzt immer häufiger in den Mittelpunkt der Markenbildung gestellt. Was kann meine Marke was keine andere Marke kann? Und was haben meine Kunden davon? Und vor allen Dingen wie erfahren meine Kunden davon? Diese drei Fragen wurden zur zentralen Aufgabenstellung für alle Marken. Eine echte Revolution, nachdem es jahrhundertelang ausreichend war Namen, Funktion und Preis zu kommunizieren, um als Marke erfolgreich zu sein.

Und als wäre das nicht schon Herausforderung genug, vermehren sich innerhalb von einer weiteren Dekade die Möglichkeiten der Markenkommunikation explosionsartig. In Deutschland startet 1984 das Privatradio kurz drauf gefolgt vom werbefinanzierten Privatfernsehen. Und keine zehn Jahre später klopft das Internet mit seinen digitalen Werbemöglichkeiten an die Tür der Markenverantwortlichen der Unternehmen. Wo soll das hinführen?

1.2   Heute. Die Inflation der Marken

Wir schreiben das Jahr 2023. Das erste Jahrhundert der Markenbildung im heutigen Sinne liegt hinter uns. Die Möglichkeiten der Markenbildung sind rasant gestiegen, die Notwendigkeit eine starke, unterscheidbare Marke zu sein ist grösser denn je. Aber was tun wir? Anstatt dem Begriff «Marke» eine ganz neue Wertigkeit zu geben, benutzen wir den Begriff nahezu inflationär. Nichts und niemand der heute keine Marke sein kann und will. Non-Profit-Organisationen, Dienstleistungen, Länder und Destinationen, Handwerksunternehmen, Einzelhandelsgeschäfte. Alles auf dem Weg zur Marke.

Neben Marken in den Bereichen B2B (Business-to-Business) und B2C (Business-to-Consumer) gibt die zunehmende Digitalisierung den rasant wachsenden D2C (Direct-to-Consumer) Marken einen immer größer werdenden Stellenwert. Hier liegen sicher immense Möglichkeiten Markenbildung ganz neu zu definieren. Die Macht über die Marke liegt plötzlich alleine in der Hand und der Verantwortung des Markeninhabers, die direkte Kommunikation mit dem Kunden kann die Bindung an die Marke stärken, die Daten und Informationen über die Konsumenten geben den D2C-Marken die Möglichkeit individuell auf die Bedürfnisse der Zielgruppe einzugehen.

Und wären es nicht schon genug der neuen Möglichkeiten kommt «Personal Branding» als eines der Buzzwörter in der Welt der Marken daher. Der Mensch als Marke. Was bislang eher unfreiwillig Celebrities vorbehalten war, wird heute als nahezu für Jeden erreichbar suggeriert.

1.2.1 Der gute Ruf als Markenzeichen

Genau genommen ist Personal Branding eigentlich so etwas wie ein Rückgriff in die Markenwelt vor 250 Jahren. Denn da lag es nahe, der Marke und ihren Produkten den guten Namen der Erfinder oder Hersteller zu geben. Dr. Oetker, Johann Maria Farina oder Graf Faber-Castell sind schon an anderer Stelle genannte Beispiele. Die Entscheidung, einen guten Namen zur Marke zu machen, war in der Regel eine gute Entscheidung. Heute funktioniert Personal Branding in vielerlei Hinsicht anders. Es passiert wirklich nur noch äußerst selten, dass sich heute die Gründer eines StartUps den eigenen Namen als Markennamen geben. Stattdessen werden z. B. klangvolle Adelsnamen gewählt, die genau diesen Eindruck erwecken sollen, obwohl die eigentlichen Gründer Müller, Meier oder Schmitz heißen. Gutes Beispiel hierfür ist die als Sockenmarke gestartete Firma «von Jungfeld».

Viel häufiger tritt aber heute der umgekehrte Fall auf. Real existierende Personen wollen eine unverwechselbare Marke werden, die für ein Produkt, eine Dienstleitung oder eine Kompetenz stehen. Das ständig wachsende und ziemlich erfolgreiche Segment der Influencer-Marken ist hier das beste Beispiel. Umgekehrt deshalb, weil es hier zuerst die Zielgruppe gibt und erst dann Produkte für eben diese Zielgruppe entwickelt werden.

Die Eislinger Influencerin Karolina Kauer ist dafür ein sehr gutes Beispiel. Unter ihrem Label «Karo Kauer» wird Fashion kreiert und produziert oder Wein auf den Markt gebracht und das alles online und offline vertrieben. Im eigenen Onlineshop, bei den großen, relevanten Internethändlern aber auch im stationären Fashion Retail. Dazu im eigenen Flagship Store mit angeschlossener eigener Gastronomie. Eine perfekte Personal Brand, die neben Business und Karriere auch sehr viel Privates mit ihren mehr als 550.000 Instagramfollowern teilt.

Aber wo es gute Beispiele gibt, gibt es natürlich auch weniger gute. Der Influencer, Künstler und Tausendsassa Fynn Kliemann ist dafür sicher eins. Völlig wertfrei betrachtet sieht man an seinem Beispiel, wie zerbrechlich die erfolgreich aufgebaute Personal Brand sein kann. Ein Fehlverhalten, dass nicht mit dem selbst geschaffenen Bild der Marke zusammenpasst, kann die Marke in kurzer Zeit komplett zerstören. Und damit auch wirklich gut gemeinte Charity Projekte oder Kunst&Kultur-Aktionen zum Scheitern bringen.

1.2.2 Das Bedürfnis im Fokus

Das Markenmodell der Vergangenheit hat es sich ziemlich einfach machen können. Denn es orientierte sich am Preis. Am unteren Ende der Markenpyramide die Billig- oder netter gesagt die Preiseinstiegsmarke. Die in der Regel als Eigen- oder Handelsmarke daherkam. Und oben in der Spitze die Luxus- oder Premiummarke, die Qualität und Status für einen hohen Preis versprach. Und in der Mitte zwischen schwarz und weiß eine große Menge grau.

Aber damit könnte jetzt Schluss sein. Denn Deutschlands führendes Institut für Konsumforschung GfK hat zunächst für den Food-Bereich ein neues Markenmodell entwickelt und in 2021 vorgestellt (Abb. 1.1).

Und glaubt man den Experten, dann ist der Preis einer Marke bei ihrer Positionierung gegenüber dem Verbraucher nicht mehr relevant. Stattdessen richtet sich das neue Markenmodell der GfK an den Bedürfnissen der Menschen aus.

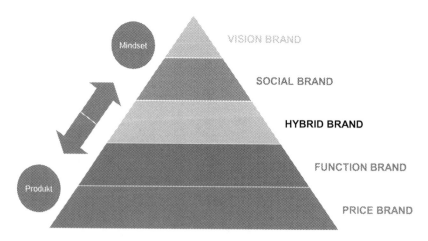

Abb. 1.1 Markenmodell „Konsumentenbedürfnisse"

Das mag im Jahr 2023 im Angesicht explodierender Preise, steigender Inflation und einer inzwischen mehrjährigen Dauerkrise als falsch erscheinen. Denn im Moment scheint der Preis eines Produkts das für die meisten Konsumenten entscheidende Bedürfnis zu sein.

Aber wenn wir den Blick ein paar Jahre nach vorne und an den Beginn eines dann hoffentlich beginnenden wirtschaftlichen Aufschwungs richten, dann macht dieses Modell ganz sicher wieder Sinn.

In dem Modell der GfK, das sich ja zunächst nur auf den Foodbereich bezieht, wird zwischen vier Markensegmenten unterschieden. Aber wenn man diese Begriffe wie folgt erklärt, ist dies auch ein denkbares Modell für Marken aus anderen Produktbereichen.

- **Funktionsmarken.** Das sind Marken mit hoher Bekanntheit, langer Tradition, guter Qualität großer Zuverlässigkeit und einem guten Preis-Leistungsverhältnis.
- **Hybridmarken.** Sie sind zunächst einmal eine Funktionsmarke. Aber eine die ein besonderes Bedürfnis der Kunden erfüllt. Das kann zum Beispiel eine Biozertifizierung oder die Regionalität sein.
- **Sozialmarken.** Vielleicht auf den ersten Blick ein etwas irreführender Begriff. Gemeint ist hier, dass es sich um Marken handelt, die sich deutlich werteorientierter positionieren als Funktions- oder Hybridmarken. Aber auch Marken, deren Besitz und Konsum den Status ihrer Kunden hebt, die auch das Bedürfnis „Lifestyle" abdecken.
- **Visionsmarken.** Marken mit einer klaren Vision, einem klaren Purpose und klaren Werten, Marken, die Gutes für die Welt tun, die sich engagieren aber in Punkto Qualität und gutem Preis-Leistungsverhältnis auch Gutes für ihre Kunden tun.

Was an dieser an den Bedürfnissen der Verbraucher ausgerichteten Markensegmentierung der besondere Vorteil ist? Alle vier Segmente bieten das Potenzial für erfolgreiches Marketing, denn alle vier Segmente bieten das Potenzial für gute Markenstories. Das bietet eine reine Orientierung am Preis eben nicht.

Funktionsmarken erzählen Ihre Geschichte von Qualität und Tradition, Hybridmarken werten das Ganze noch als Local Heroe auf. Sozialmarken stellen Lifestyle, Status oder Nachhaltigkeit in den Vordergrund ihrer Markenstory. Visionsmarken werden zu den eigentlichen Stars des Storytellings, denn sie können aus dem Vollen schöpfen und auch heute gilt immer noch die alte Regel „tue Gutes und rede darüber".

Die Ziele für jede Marke, ganz gleich aus welchem Segment, müssen am Ende sein: Bekanntheit, Unterscheidbarkeit, Authentizität, Sympathie, Erfolg.

1.2.3 Die Seele macht den Unterschied

Ein letzter Gedanke bevor wir den Blick ins Morgen und Übermorgen werfen und uns Marken im Metaverse betrachten. Träumen nicht alle Markenmacher heimlich davon, die nächste «Love Brand» zu schaffen? Eine Marke, die von ihren Kunden nahezu geliebt wird. Eine Marke, der man ein Leben lang treu bleibt, der man Fehler verzeiht, für die man fast jeden Preis bezahlt. Selbst wenn man weiss, dass der Herstellungspreis nur ein Bruchteil vom Verkaufspreis beträgt. Eine Marke mit der man sich gerne schmückt.

Aber mit der «Love Brand» verhält es sich so wie mit der Liebe im echten Leben. Man kann sie nicht konstruieren, man kann sie nicht erkaufen und man kann sie schon gar nicht erzwingen. Entweder die Konsumenten machen mich zur «Love Brand» oder nicht. Wäre es nicht ein verlockender Gedanke wenn es etwas ähnliches gäbe, was man aber geschickt kreieren und umsetzen kann? Nennen wir es «Soul Brand» und stellen wir eine ganz einfache Formel für die Schaffung einer Markenseele auf:

$$(\textbf{Facts} + \textbf{Values} + \textbf{Emotion}) \times \textbf{Story} = \textbf{Soul}$$

Es bedeutet, dass eine Soul Brand ihre wichtigsten und entscheidendsten Fakten, ihre authentischen und unterscheidbaren Werte und ihre spannendsten und unterhaltsamsten Emotionen in ihre Markenstory packt. Und daraus ihre Alleinstellung, ihre Markenseele generiert. Eine sichtbare, hörbare, spürbare Markenseele. Denn die Seele macht den Unterschied.

Klingt zu romantisch, um wahr zu sein? Aber das eine «Love Brand» erfolgreich ist glauben doch auch die meisten von uns. Warum soll es eine «Soul Brand» nicht auch sein? Nehmen wir es doch für dieses *essential* einfach einmal an. Und stellen uns ab jetzt die Frage: Wie sieht denn in Zukunft eine Digital Brand Soul aus? Wie unterscheiden sich denn zukünftig Marken im Web3 und seinen Metaversen? Wie werden dort die notwendigen Emotionen erzeugt? Und wie die Geschichten erzählt?

1.3 Morgen. Unendliche Weiten im Markenuniversum

Die nächste Generation des Internets, das Web3.0 und die zu ihr gehörenden Metaversen, werden im nächsten Kapitel ausführlich erklärt und betrachtet. Aber als Abschluss dieses ersten Kapitels über die Macht der Marke ist ein kurzer Blick über den heutigen Markentellerrand erlaubt.

Die Zahlen variieren zwischen 70 und 90 %, aber egal welche Zahl man als realistisch betrachtet, sie ist verheerend. Zwischen 70 und 90 % der neu eingeführten Produkte und Marken scheitern und verschwinden wieder – im ersten Jahr. Und egal welche der Zahlen beim nächsten Faktum stimmt, zwischen 65 und 75 % der neueingeführten Produkte sind Nachahmerprodukte und haben per se keine Alleinstellung oder echte Unterscheidbarkeit. Trotz allem nimmt die Anzahl der Marken, die in die meist schon gesättigten Märkte drängt, täglich zu. Die Qualität des Marketings für eben diese Produkte aber leider nicht. Und das vorhandene Wissen über die neuen Medien, der Stand der Digitalisierung leider auch nicht.

In Deutschland lag der Anteil der Unternehmen mit mehr als zehn Mitarbeitern, die soziale Netzwerke verwendeten, im Jahr 2021 bei rund 53 %. Damit lag Deutschland im europäischen Vergleich im unteren Mittelfeld. In Malta belief sich dagegen der Anteil der Unternehmen mit Social-Media-Nutzung auf 84 % (Statista 2022).

Das bedeutet doch, viele Marken und Unternehmen haben das Web2.0 und seine Möglichkeiten noch nicht verstanden und erst recht noch nicht in die tägliche Marketingarbeit umgesetzt. Und jetzt kommt tatsächlich das Web3.0 und seine Metaversen um die Ecke und will auch verstanden bzw. ausprobiert werden.

Fakt ist, die Zukunft gehört den starken Marken. Den Marken, die begeistern. Den Marken, die einen Mehrwert bieten. Den Marken, die erlebbar sind. Den Marken, die emotionalisieren. Den Marken, die eine Seele haben.

Und es ist ebenso Fakt, dass das Web3.0 als Weiterentwicklung des heutigen Internets kommen wird. Und dass es Metaversen geben wird, die uns die Möglichkeit geben, Marken ganz neu zu erleben und zu erfahren. Und deshalb wäre es fatal, nicht aus der Vergangenheit zu lernen. Und auch diesmal wieder zu warten, bis der Zug Fahrt aufnimmt und erst dann eine Fahrkarte zu kaufen und dem fahrenden Zug hinterherzulaufen.

Jetzt ist die Zeit zu verstehen, zu lernen und auszuprobieren. Es geht nicht darum, die bisherige Markenbildung und -führung von heute auf morgen auf den Kopf zu stellen. Es geht jetzt darum, die Möglichkeiten, die uns das Metaverse in Zukunft bieten wird, anzunehmen und den Weg für die eigene Marke Stück für Stück zu gestalten. Metaversen sind noch einige Jahre nicht mehr als riesige Laboratorien mit unendlichen Weiten. Ein Spielplatz für jede Form der Kreativität, jede Form neuer Ideen. Nutzen wir die Zeit die Macht der Marke zukunftsfähig zu machen.

Literatur

Bruhn, M. (2016), Marketing – Grundlagen für Studium und Praxis, Springer Gabler

Statista (2022), Social Media Examiner, Einsatz von Social-Media-Plattformen durch Unternehmen weltweit 2022, https://de.statista.com/statistik/daten/studie/71251/umfrage/einsatz-von-social-media-durch-unternehmen/

Wiehrdt, A. (2021), Das neue Markensegmentationsmodell der GfK ist raus, www.brand-doctor.net

Das kleine Einmaleins des Metaverse

2

Das Wichtigste vorab: Das Metaverse ist entgegen dem weitverbreitetem Mythos keine Erfindung von Meta's CEO Mark Zuckerberg, sondern eine literarische Erfindung von Neal Stephenson. In seinem Science-Fiction Roman „Snow Crash" prägte er diesen Begriff an die Beschreibung einer virtuellen, dreidimensionalen Umgebung, in der sich programmierbare Avatare gegen Software-Agenten durchsetzen mussten.

Sprechen wir heute über das Metaverse, sollte man sich vorab den Wunschvorstellungen Zuckerbergs entledigen und viel mehr an derzeit realistische Verhältnisse denken und das Metaverse als die Verknüpfung und Einbettung virtueller Konzepte in unseren realen Alltag interpretieren. Diskutiert man mit Web3.0 oder Blockchain Entwicklern über das Metaverse, so werden sie dasselbe Ziel dieser neuartigen Umgebung definieren: Die Einbettung digitaler Inhalte in die Realität.

Aber um die Chance für Marke und Marketing im Metaverse zu verstehen braucht es das Verständnis der wichtigsten Grundbegriffe und Buzzwords. Denn das Metaverse spricht eine neue, noch unbekannte Sprache. Minting, Burning, Breading. Blockchain, DAO, Smart Contract, NFT. Das alles klingt nach einer Sprache aus einer fremden, neuen Welt. Aber nur wer diese Sprache spricht oder sie zumindest versteht, kann das Metaverse erfolgreich für seine Marke nutzen. Deshalb braucht es ein „Metaverse for Beginners", die Erklärung der wichtigsten Begriffe und Zusammenhänge. Unser kleines Metaverse-Lexikon hat keinen Anspruch auf Vollständigkeit, dazu ist in diesem Thema viel zu viel Bewegung. Niemand kann heute sagen, über welche neuen Begriffe wir in 6 Monaten reden. Also starten wir mit den wichtigsten Dingen nach heutigem Stand.

© Der/die Autor(en), exklusiv lizenziert an Springer Fachmedien Wiesbaden GmbH, ein Teil von Springer Nature 2023
D. Griese und T. Inden-Lohmar, *Marken im Metaverse*, essentials,
https://doi.org/10.1007/978-3-658-40951-7_2

2.1   Die zentralen Bausteine & Technologien des Metaverse

Um das Metaverse und seinen Nutzen für Marken zu verstehen, müssen die zentralen Bausteine des Metaverse identifiziert und geklärt sein. Zu den zentralsten Bausteinen des Metaverse gehören die virtuelle Realität und die simulierte Umgebung, die es Nutzern ermöglicht, in einer digitalen Welt zu interagieren und zu kommunizieren. Ein weiterer wichtiger Baustein des Metaverse ist die Plattform oder das Ökosystem, auf dem die virtuelle Realität und die simulierte Umgebung bereitgestellt werden. Diese Plattform muss robust und skalierbar sein, um eine hohe Anzahl von Nutzern gleichzeitig unterstützen zu können. Ein weiterer wichtiger Baustein des Metaverse ist die Nutzeridentität, die es Nutzern ermöglicht, sich in der digitalen Welt zu identifizieren und zu authentifizieren. Schließlich sind die Inhalte, die Nutzer in der digitalen Welt erleben können, ein wesentlicher Bestandteil des Metaverse. Dies können Spiele, Videos, Musik, Kunstwerke oder andere digitale Erlebnisse sein. Zusammen bilden diese Bausteine das Metaverse und ermöglichen es Nutzern, eine immersive und interaktive digitale Erfahrung zu genießen.

Die Technologien des Metaverse umfassen diejenigen, die erforderlich sind, um die virtuelle Realität und die simulierte Umgebung des Metaverse zu schaffen und zu unterstützen. Dazu gehören Technologien wie Virtual Reality (VR), Augmented Reality (AR) und Mixed Reality (MR), die es Nutzern ermöglichen, in einer digitalen Welt zu interagieren und zu kommunizieren. Weitere wichtige Technologien des Metaverse sind die Plattformen und Ökosysteme, die die digitale Welt unterstützen und ermöglichen, dass Nutzer Inhalte teilen und miteinander interagieren. Dazu gehören Technologien wie Blockchain, die es Nutzern ermöglichen, ihre Identität und ihre digitalen Vermögenswerte sicher zu verwalten. Schließlich sind die Netzwerk- und Cloud-Technologien wichtig, um die digitale Welt des Metaverse zu unterstützen und zu skalieren. Diese Technologien ermöglichen es, dass Nutzer aus der ganzen Welt auf die Metaverse-Experience zugreifen und interagieren können.

2.2   Die erweiterte Realität

Um als Marke seinen Zielgruppen durch das Metaverse einen Mehrwert zu ermöglichen, werden – oft auch in Kombination – Mixed Reality (MR), Virtual

Reality (VR) und Augmented Reality (AR) verwendet. Diese drei Technologien stellen nicht nur eine Brücke ins Metaverse dar, sondern bieten Marken auf jeweils unterschiedlichste Art und Weise neue Möglichkeiten.

2.2.1 Mixed Reality

Unter Mixed Reality (MR), Vermischte Realität oder Gemischte Realität werden Umgebungen oder Systeme zusammengefasst, die die natürliche Wahrnehmung eines Nutzers mit einer künstlichen (computererzeugten) Wahrnehmung vermischen. Neben der hauptsächlich computererzeugten virtuellen Realität sind dies insbesondere Systeme der erweiterten Realität und der erweiterten Virtualität.

MR wird heute in verschiedenen Bereichen eingesetzt, darunter in der Industrie, in der Unterhaltungsindustrie und im Bildungsbereich. In der Industrie wird MR zum Beispiel zur Visualisierung von Produkten oder zur Verbesserung von Produktionsprozessen eingesetzt. In der Unterhaltungsindustrie wird MR häufig in Videospielen und im Bereich der Virtual Reality verwendet. Im Bildungsbereich kann MR dazu verwendet werden, um Schülern eine realitätsnahe Lernumgebung zu bieten und ihnen so das Lernen zu erleichtern. Insgesamt bietet Mixed Reality viele Möglichkeiten und wird in immer mehr Bereichen eingesetzt.

2.2.2 Virtual Reality

Virtual Reality (VR) ist eine computergenerierte Wirklichkeit mit Bild (3D) und in vielen Fällen auch Ton. Sie wird über Großbildleinwände, in speziellen Räumen oder über ein Head-Mounted-Display (Video- bzw. VR-Brille) übertragen.

VR wird heute in verschiedenen Bereichen eingesetzt, darunter in der Unterhaltungsindustrie, im Gesundheitswesen und im Bildungsbereich. Im Gesundheitswesen wird VR zum Beispiel zur Schmerzlinderung oder zur Rehabilitation von Patienten eingesetzt. Im Bildungsbereich kann VR dazu verwendet werden, um Schülern eine realitätsnahe Lernumgebung zu bieten und ihnen so das Lernen zu erleichtern. Marken nehmen sich häufig dieser Beispiele an und kreieren so realitätsnahe Landschaften, die den Kern ihrer Marke deutlicher und greifbarer darstellen können.

2.2.3 Augmented Reality

Unter Augmented Reality (AR) versteht man die computergestützte Erweiterung der Realitätswahrnehmung. Diese Information kann alle menschlichen Sinne ansprechen. Häufig wird jedoch unter AR nur die visuelle Darstellung von Informationen verstanden, also die Ergänzung von Bildern oder Videos mit computergenerierten Zusatzinformationen oder virtuellen Objekten mittels Einblendung bzw. Überlagerung.

Bei Fußball-Übertragungen ist erweiterte Realität beispielsweise das Einblenden von Entfernungen bei Freistößen mithilfe eines Kreises oder einer Linie. In der Industrie wird AR zum Beispiel zur Verbesserung von Produktionsprozessen oder zur Schulung von Mitarbeitern eingesetzt. Im Handel wird AR zum Beispiel zur Verbesserung der Kundeninteraktion oder zur Bereitstellung von zusätzlichen Informationen über Produkte eingesetzt.

2.3 Das Metaverse & Web3.0

Das Metaverse ist ein Konzept, das auf dem Gedanken einer von Menschen gestalteten, virtuellen Welt beruht, die auf das Internet der Dinge (Internet of Things, IoT) und die dritte Generation des World Wide Webs (Web3.0) aufbaut. Im Gegensatz zu früheren Konzepten virtueller Realitäten, bei denen der Fokus hauptsächlich auf der Unterhaltung lag, geht es beim Metaverse darum, eine virtuelle Welt zu schaffen, die es Menschen ermöglicht, miteinander zu interagieren und zusammenzuarbeiten, ähnlich wie in der realen Welt. Dazu werden Technologien wie künstliche Intelligenz, maschinelles Lernen und semantische Datenbanken eingesetzt, die es ermöglichen, dass Maschinen miteinander kommunizieren und Informationen austauschen können. Das Web3.0 wird oft als das nächste große Ziel im Bereich der digitalen Technologien angesehen und könnte dazu beitragen, die Art und Weise, wie wir miteinander interagieren, wie wir potenzielle Interessenten zu Kunden wandeln, grundlegend zu verändern.

2.3.1 Das Web3.0

Web3.0, auch als das Semantische Web oder Web der Dinge bezeichnet, ist die dritte Generation des World Wide Webs. Im Gegensatz zu Web1.0 und Web2.0, die hauptsächlich aus statischen Webseiten und sozialen Netzwerken bestehen, baut Web3.0 auf intelligenten, semantischen Technologien auf, die es ermöglichen, dass Maschinen miteinander kommunizieren und Informationen austauschen können. Diese Technologien umfassen unter anderem künstliche Intelligenz, maschinelles Lernen und semantische Datenbanken. Das Ziel von Web3.0 ist es, das Internet der Dinge (Internet of Things, IoT) zu ermöglichen und dafür zu sorgen, dass alle Geräte und Systeme miteinander verbunden und in der Lage sind, miteinander zu kommunizieren.

Wenn wir das Internet in Zeitalter unterteilen müssten, wäre Web1.0 die Generationen des Internets, in der der überwiegende Anteil der Nutzer Verbraucher und nicht Produzent von Inhalten gewesen ist (grob 1991–2004). Web2.0 hingegen beschreibt die Generation, in der das Web als Plattform diente, beispielsweise Nutzer, die Inhalte über Soziale Medien, Netzwerkdienste, aber auch Blogs und Wikis hochgeladen haben. Bis heute dauert diese Generation an, erfährt nun jedoch durch WEB3 eine Weiterentwicklung.

Die kommende Generation, sprich Web3.0, ist die Idee eines dezentralisierten Internets, welches auf der Blockchain stattfindet und eine Token-basierte Wirtschaft beinhaltet. Diese Generation des Internets ruft nicht nur eine Reihe an neuen, technologischen Entwicklungen herbei, sondern arbeitet zugleich gegen die alarmierende Zentralisierung weniger Big-Tech-Unternehmen, wie bspw. Amazon, Meta oder auch Google. Mit dem Web3.0 werden vorgegebene Web-Strukturen, die den Erfolg einer Website bestimmen, vollständig ausgehebelt und neu geschrieben.

Ein Anwendungsbeispiel wäre das Google-Ranking: Für den Erfolg einer eigenen Webanwendung ist die Positionierung auf Suchplattformen im Ergebniskatalog unabdingbar. Doch um eine möglichst hohe Positionierung zu erhalten, muss die eigene Webanwendung eine Reihe an Vorgaben erfüllen, worunter auch Platzierung von Textelementen, Bildgrößen und Gestaltung einer Seite gehören. Natürlich ist das damalige Ziel von Google gewesen, Mindestanforderungen an Webseiten zu erstellen, damit Nutzer der Suchmaschine das bestmögliche Ergebnis erhalten, aber wenn wir uns heute den Ergebniskatalog anschauen, entdecken wir die Unternehmen an erster Stelle, die am meisten Geld für eine hohe Positionierung bezahlt haben und lange nicht mehr die, die einem die beste Antwort bereitstellen. In über 50 % der Suchanfragen ist die Lösung verbunden mit dem Kauf eines Produktes. Googelt man zum Beispiel das Wort „Schwangerschaft", wird zuerst der Kauf eines Schwangerschaftstests beworben, bevor Fachblogs und beratende Foren angezeigt werden.

Mit der Dezentralisierung des Internets ist es für Tech-Giganten wie Google jedoch nicht mehr möglich persönliche Daten im Alleingang zu verarbeiten. Ebenso wenig wie als Monopolmacht Vorgaben für die Gestaltung von Webanwendungen auszusprechen. Google besitzt im dezentralisierten Internet ausschließlich Datenmengen, die auch jeder zu jeder Zeit kostenfrei erhalten kann. Durch das Ausgliedern des Internets auf öffentliche, jederzeit einsehbare Datenbanken, ist niemand oder jeder Besitzer der verarbeiteten Datenmengen. Das kann einer Marke und ihren Marketingverantwortlichen natürlich ein Dorn im Auge sein, Denn was passiert mit den teuer erkauften, bestmöglichen Positionierung in den Suchmaschinen des Web2.0. Keine Sorge, das Web2.0 wird morgen nicht ausgeschaltet und funktioniert weiterhin auch neben und mit dem Web3.0.

Viele Menschen nutzen jedoch aus benannten Gründen bereits heute Web3.0-Anwendungen und somit eine dezentralisierte Lösung des Internets. Eine Zielgruppe, die wächst und nicht zu unterschätzen ist. Fangen Sie also wieder an, kreativ zu denken und nicht mehr nur das Geld für Sie die Arbeit machen zu lassen. Denn das Internet wird gerade neu erfunden. Und das neue Internet ist bunt und in Wild-West-Stimmung. Hier gewinnt nicht nur der Erste, sondern auch der verspielteste.

2.4   Die Mittel des Web3.0

Das Metaverse baut in vielen Fällen auf Technologien des Web3.0 auf. Dazu gehören Technologien wie Blockchain und Dezentralisierungen, die dazu beitragen, dass Informationen sicher und vertraulich bleiben und dass Daten zwischen verschiedenen Systemen und Geräten einfach ausgetauscht werden können.

2.4.1   Die Blockchain

Eine Blockchain ist eine dezentralisierte Datenbank, die es ermöglicht, Transaktionen sicher und vertraulich zu speichern und auszutauschen. Blockchains bestehen aus einer Reihe von Blöcken, die jeweils eine Liste von Transaktionen enthalten, die miteinander verknüpft sind.

Diese dezentralen Datenbanken werden heute bereits im Metaverse verwendet, um Transaktionen zwischen verschiedenen Systemen und Geräten sicher zu speichern und auszutauschen. Zum Beispiel werden virtuelle Güter, aber auch virtuelle Immobilien, die im Metaverse erworben werden, auf einer Blockchain erstellt, gespeichert und verwaltet. So können auch im digitalen Raum Limitierungen von virtuellen Gütern kreiert werden.

Viele Unternehmen nutzen Blockchain-Technologien, um Finanztransaktionen zu verwalten, zum Beispiel beim Handel mit Kryptowährungen. Andere

Unternehmen nutzen Blockchain, um ihre Lieferketten zu verwalten und zu überwachen, um sicherzustellen, dass ihre Produkte sicher und zuverlässig von ihren Herstellern zu ihren Kunden geliefert werden. Einige Unternehmen nutzen Blockchain auch, um digitale Identitäten zu verwalten und zu schützen, aber auch um virtuelle Güter zu kreieren und zu verkaufen.

2.4.2 Virtuelle Güter & NFTs

Virtuelle Güter sind digitale Objekte oder Dienstleistungen, die am häufigsten in virtuellen Welten, Online-Spielen und Metaversen existieren. Sie können auf verschiedene Arten erworben werden, zum Beispiel durch den Kauf mit echtem Geld oder durch das Abschließen von Aufgaben in Erlebnis-Welten. Virtuelle Güter können alles Mögliche sein, von kosmetischen Gegenständen wie Outfits und Zubehör für Avatare (ein oftmals dreidimensionaler Charakter, mit dem der Nutzer durch eine dreidimensionale Umgebung steuern kann) bis hin zu mächtigen Waffen oder anderen Ausrüstungsgegenständen, die in Spielen verwendet werden. Einige virtuelle Güter haben auch einen monetären Wert außerhalb des Spiels, zum Beispiel wenn sie zwischen Spielern gehandelt werden.

Oft werden virtuelle Güter mit NFTs verwechselt. NFT steht für „Non-Fungible Token", was bedeutet, dass es sich um eine spezielle Art von digitalem Vermögenswert handelt, der nicht austauschbar ist. Das bedeutet, dass jedes NFT einzigartig ist und nicht mit anderen NFTs verwechselt werden kann. Virtuelle Güter hingegen können sowohl austauschbar als auch nicht austauschbar sein. Wenn ein virtuelles Gut austauschbar ist, bedeutet das, dass es von jedem Nutzer in der virtuellen Welt erworben und verwendet werden kann. Wenn es nicht austauschbar ist, bedeutet es wiederum, dass es nur von einem bestimmten Nutzer erworben und verwendet werden kann.

Aber was macht NFTs so interessant für Marken im Metaverse? Die NFT-Technologie bietet Marken deutlich mehr Möglichkeiten als nur die Schaffung sogenannter „Collectables" oder „Wearables" (beispielsweise virtuelle T-Shirts mit dem Markenlogo). NFTs können Basis ganzer Loyality-Programme sein oder auch für Basis virtueller Immobilien-Konzepte.

2.4.3 Virtuelle Immobilien

Virtuelle Immobilien sind digitale Güter, die im Rahmen von Online-Plattformen oder in anderen virtuellen Welten erworben werden können. Sie ähneln realen

Immobilien in dem Sinne, dass sie einen bestimmten Wert haben und in manchen Fällen auch Mieteinnahmen erbringen können. Allerdings handelt es sich hierbei um digitale Güter, die innerhalb des virtuellen Ökosystems existieren, in dem sie erworben wurden. Die Eigentümer solcher virtuellen Immobilien haben in der Regel keinen realen Anspruch auf eine tatsächliche Immobilie oder ihre materiellen Güter. Stattdessen besitzen sie eine digitale Repräsentation einer Immobilie, die innerhalb des virtuellen Ökosystems verwendet werden kann.

Marken nutzen im Metaverse virtuelle Immobilien in verschiedenen Bereichen. Zum Beispiel können Unternehmen in Metaversen virtuelle Gebäude oder Landschaften erwerben, um ihre Marke oder ihre Produkte zu bewerben. Auch in virtuellen Welten, die für Meetings, Konferenzen oder Schulungen genutzt werden, können Unternehmen virtuelle Immobilien erwerben, um sie als Veranstaltungsorte oder als Teil ihres virtuellen Showrooms zu nutzen. Die Verwendung von virtuellen Immobilien kann für Unternehmen eine kostengünstige und flexible Möglichkeit sein, ihre Präsenz in digitalen Umgebungen zu stärken.

2.4.4   Smart Contracts – Verträge im Metaverse

Intelligente Verträge im Metaverse berechtigen Marken zum Beispiel zum Besitz von virtuellen Grundstücken. Damit kein hoher, manueller Aufwand hinter jeder einzelnen Transaktion stattfinden muss, wurden sogenannte Smart Contracts hinter NFTs programmiert.

Ein Smart Contract ist ein digitaler Vertrag, der auf der Blockchain-Technologie basiert. Er ist in der Lage, Transaktionen zu automatisieren, indem er bestimmte Bedingungen festlegt, die erfüllt sein müssen, damit eine Transaktion stattfinden kann. Smart Contracts können dazu verwendet werden, um den Austausch von Waren, Dienstleistungen oder Geld zu regeln und zu verfolgen. Sie bieten eine sichere und transparente Möglichkeit, um Verträge abzuschließen, ohne dass ein menschliches Eingreifen erforderlich ist. Die Nutzung von Smart Contracts kann dazu beitragen, den Vertragsabschluss zu beschleunigen und die Kosten für die Durchführung von Transaktionen zu reduzieren.

Das grundlegende Konzept eines Smart Contracts existiert schon lange, z. B. in Form eines Getränkeautomaten, der nach Münzeinwurf automatisch Getränke ausgibt. Durch die dezentrale Speicherung und Authentifikation von Verträgen hat das Potenzial von Smart Contracts in jüngerer Zeit stark zugenommen.

Smart Contracts können viele manuelle Tätigkeiten automatisieren und so in erheblichem Umfang Kosten einsparen. Beispielsweise könnte eine Anleihe auf Basis eines Smart Contracts zu den Zinsterminen automatisierte Zinszahlungen an die Gläubiger veranlassen oder ein entsprechender Versicherungsvertrag könnte die Versicherungssumme nach automatischer Prüfung eines eingetretenen Versicherungsfalls direkt auszahlen. Aufgrund enormer zu erwartender Effizienzgewinne wird die Verbreitung von Smart Contracts kaum aufzuhalten sein.

Wie und wo gerät man an ein derartiges Smart Contract? Im Grunde befindet sich hinter den meisten NFTs, erhältlich auf gigantischen, wachsenden Marktplätzen wie OpenSea oder Binance, ein solcher Smart Contract, welcher Erstverkäufern beispielsweise prozentuale Beteiligungen an Weiterverkäufen sichert, aber auch dem Besitzer eines solchen virtuellen Gegenstandes exklusive Berechtigungen ermöglichen kann. Das kann der Zugriff auf versteckte Inhalte, die Wahlberechtigungen innerhalb gewisser Gruppen oder die Möglichkeit ein bestimmtes Event zu besuchen sein. Viele Marken machen sich diese Möglichkeiten bereits heute zunutze.

Durch die Nutzung von Smart Contracts können Marken ihre Vertragsabschlüsse und Transaktionen automatisieren und somit Zeit und Ressourcen sparen. Smart Contracts bieten auch eine transparente und sichere Möglichkeit, um Verträge abzuschließen und zu verfolgen, was für Marken von Vorteil sein kann, insbesondere wenn es um den Schutz von geistigem Eigentum geht. Die Nutzung von Smart Contracts kann Marken zudem dabei helfen, ihre Kundenbindung zu stärken, indem sie ein hohes Maß an Vertrauen, Zuverlässigkeit und Transparenz demonstrieren.

2.5 Die Dezentralisierung des Internets

Das Metaverse ist ein Begriff, der verwendet wird, um die Gesamtheit aller virtuellen Welten und digitalen Ökosysteme zu beschreiben, die im Internet existieren. Es umfasst Online-Spiele, virtuelle Welten und andere digitale Umgebungen, in denen Nutzer interagieren und ihre eigenen Erfahrungen schaffen können. Das Metaverse ist aber auch ein Konzept, das auf der Idee der Dezentralisierung basiert, d. h. auf der Tatsache, dass die Nutzer des Metaverse nicht von einer zentralen Instanz kontrolliert werden, sondern selbstbestimmt handeln können. Diese Dezentralisierung ermöglicht es den Nutzern, ihre eigenen Erfahrungen und Welten im Metaverse zu erschaffen und zu gestalten. Wer seine Marke im Metaverse authentisch platzieren möchte, sollte sich mit den Grundprinzipien der Dezentralisierung vertraut machen und innerhalb seines Metaverse-Projektes Rücksicht auf dieses Bedürfnis nehmen.

2.5.1 Dezentralisierung

Dezentralisierung im Kontext des Internets bezieht sich auf das Konzept, dass keine zentrale Instanz die Kontrolle über das Netzwerk hat, sondern dass es von vielen verschiedenen Nutzern und Anbietern genutzt wird, die selbstbestimmt handeln können. Im Gegensatz zu früheren Konzepten des Internets, bei denen einige wenige Unternehmen oder Organisationen die Kontrolle über das Netzwerk hatten, ist das Internet heute dezentralisiert, was bedeutet, dass jeder Nutzer gleichberechtigt ist und selbstbestimmt handeln kann. Diese Dezentralisierung bietet viele Vorteile, wie zum Beispiel mehr Flexibilität, Sicherheit und Transparenz.

Unternehmen können durch die Dezentralisierung viele Vorteile genießen. Einer der wichtigsten Vorteile ist die Flexibilität, die dezentralisierte Systeme bieten. Durch die Verteilung von Aufgaben und Verantwortlichkeiten auf viele verschiedene Nutzer und Anbieter können Unternehmen ihre Geschäftsprozesse und -strukturen schneller und einfacher anpassen, um auf Veränderungen in der Umgebung zu reagieren. Dezentralisierte Systeme bieten auch ein höheres Maß an Sicherheit, da sie nicht von einer zentralen Instanz kontrolliert werden und somit weniger anfällig für Angriffe und Fehler sind. Darüber hinaus können dezentralisierte Systeme Transparenz und Vertrauen fördern, da sie es ermöglichen, dass jeder Nutzer die Aktivitäten und Transaktionen im System nachverfolgen kann. Wenn ein Unternehmen mehr Kontrolle und somit mehr Vertrauen, an seine Nutzer abgeben möchte, gründet es oftmals innerhalb des Metaverse ein sogenanntes DAO.

2.5.2 Dezentrale Autonome Organisationen

Das Metaverse und DAOs sind beides Konzepte, die auf der Blockchain-Technologie basieren und auf der Idee der Dezentralisierung fußen. Das Metaverse bezieht sich auf die Gesamtheit aller virtuellen Welten und digitalen Ökosysteme, die im Internet existieren, während ein DAO eine Art von Unternehmen darstellt, das von einem Smart Contract gesteuert wird und ohne menschliche Eingriffe funktioniert. Im Metaverse können DAOs genutzt werden, um die Interaktionen und Transaktionen zwischen Nutzern zu regeln und zu verfolgen. Sie können zudem dazu beitragen, die Dezentralisierung des Metaverse zu stärken, indem sie die Kontrolle über bestimmte Aspekte des Ökosystems in die Hände der Nutzer legen.

Ein DAO (Decentralized Autonomous Organization) ist eine Art von Unternehmen, das auf der Blockchain-Technologie basiert und ohne menschliche Eingriffe funktioniert. Ein DAO wird von einem Smart Contract gesteuert, der festlegt, wie das Unternehmen funktionieren soll und wie Entscheidungen getroffen werden. In einem DAO gibt es keine hierarchische Struktur wie in traditionellen Unternehmen, sondern alle Beteiligten haben gleiche Rechte und können an Entscheidungsprozessen teilnehmen. DAOs bieten eine transparente und dezentralisierte Alternative zu traditionellen Unternehmen und können in verschiedenen Bereichen genutzt werden.

2.6 Eins x Eins = Zwei

Genau. Diese Rechnung stimmt mathematisch nicht. Sie soll aber unkonventionell verdeutlichen, wann das Metaverse für Marken funktionieren kann. Nämlich nur dann, wenn eingetretene Pfade verlassen, neue Wege beschritten und Dinge, die immer schon so gemacht worden sind, anders gemacht werden.

Das Metaverse ist aktuell noch eine Wette auf die Zukunft, eine erste Version dessen, was es einmal sein kann, soll und wird. Und es ist wie eingangs dieses Kapitels erwähnt, nicht das Zukunftsprojekt eines einzelnen amerikanischen Technologiekonzerns.

Es ist ein Creative Lab, eine Spielwiese, ein Versuchsfeld. Und es bietet vielen Marken schon heute die Möglichkeit z. B. am Marketing der Zukunft zu arbeiten, zu testen, zu versuchen, Erfahrungen zu sammeln.

Und sich neben der Generation Z auf eine völlig neue Zielgruppe vorzubereiten, die Generation Alpha, wie die nach 2010 geborene, heranwachsende Marketingzielgruppe heißt. Für diese Zielgruppe wird vieles, was für Millennials und erst recht für die Boomer Generation wie Science-Fiction klingt, selbstverständlich sein.

Während die Ü30-Generation diskutiert, wo denn bitte der Wert digitaler Assets liegt, was an einem NFT-Kunstwerk oder einem virtuellen Sneaker wertvoll sein soll, gehört der Erwerb virtueller Gadgets für die Generation Alpha zur Normalität. Rund 200 Mio. Kinder und Jugendliche spielen, lernen und kommunizieren pro Monat auf der Online-Plattform Roblox, einem der vielen Metaversen, die heute bereits zu betreten und zu erleben sind. Sie lassen sich schon heute ihr Taschengeld nicht mehr in Euro oder Dollar ausbezahlen, sondern in Robux, der Währung auf Roblox. Und kaufen dafür spezielle Fähigkeiten oder Avatar-Upgrades für Ihre Games. Damit das auch die damit sicher überforderten Großeltern realisieren können, verkauft der Online-Händler Amazon dafür entsprechende Gutscheinkarten.

Dies ist nur ein Beispiel dafür, wie auch heute schon zumindest die Vorstufen des Metaverse Teil des täglichen Lebens sind. Daher liegt es nahe, dass auch heute schon erste Marken sich genau das zu Nutze machen und als echte First Mover Präsenz in Semi-Metaversen wie Fortnite und Roblox oder echten Metaversen wie Sandbox, Decentraland oder Axie Infinity zeigen.

Marken im Metaverse

3

Nachdem die ersten beiden Kapitel dieses *essentials* sich mit Marke und Metaverse grundsätzlich und theoretisch beschäftigt haben, wird das dritte Kapitel sehr praktisch und pragmatisch. Und was könnte praxisbezogener sein als sich anzuschauen, wer bereits wie und wo im Metaverse unterwegs ist.

Allerdings sind die Auftritte und Präsenzen deutschsprachiger Marken in den verschiedenen Metaversen im November 2022, also zum Zeitpunkt der Recherchen für dieses *essential* noch dünn gesät. Und unter den Wenigen die Guten herauszufinden ist gar nicht so einfach.

Die folgenden Beispiele sind subjektiv von den Autoren ausgewählt, die Einschätzungen und Bewertungen erfolgen aus User-Sicht und ohne Mitwirkung der verantwortlichen Unternehmen und Marken.

Das Ziel bei der Auswahl: Vier Beispiele mit einer möglichst großen Bandbreite der aktuellen Brand Experiences in den Metaversen darstellen. Von Semi-Metaverse wie Roblox bis Full-Metaverse Sandbox. Mit Community- oder Brand-Aspekten. Mit dem Unterschied zwischen einem PlayToEarn- oder NFT-Projekt. Und vor allen Dingen auch mit dem Blick, was schon gut gemacht und wo noch Luft nach oben ist.

3.1 Noch kein ganz echtes Metaverse. Beatland. Deutsche Telekom

Die Deutsche Telekom schaffte als erstes Telekommunikationsunternehmen ein eigenes magentafarbenes Metaverse-Erlebnis auf dem Semi-Metaverse Roblox. Warum ist Roblox kein „echtes" Metaverse? Roblox ist eine sehr erfolgreiche Online-Gaming-Plattform, ein virtueller Erlebnisraum. Um aber von einem Full Metaverse sprechen zu können, fehlt im Wesentlichen die Basierung auf

D. Griese und T. Inden-Lohmar, *Marken im Metaverse*, essentials, https://doi.org/10.1007/978-3-658-40951-7_3

einer Blockchain, die Einbindung von NFTs und Smart Contracts und die Bezahlmöglichkeit per Wallet und Kryptowährung.

Die virtuelle Stadt mit Namen Beatland wurde dafür an das seit fast 20 Jahren erfolgreiche Musik-Programm „Electronic Beats" angedockt. Mit einem etwas statischen Roblox-Avatar besuchen, bestaunen und entdecken die User Beatland. Neben einem ständig geöffneten, natürlich jugendfreien Club gibt es einen Plattenladen zu entdecken, sowie ein virtuelles Kino, in dem von bekannten Visual Artists geschaffene Animationsfilme angesehen werden können.

Highlight war sicher die Kooperation mit Techno-DJ Boris Brejcha. Der Berliner Künstler ist einer der Stars der internationalen elektronischen Musikszene, sein Markenzeichen ist eine venezianische Maske, die er zu seinen Auftritten trägt. Brejcha spielte seine Sets zur Eröffnung von Beatland als Avatar im virtuellen Club. Eine gelungene, aufmerksamkeitsstarke Aktion, um Beatland von Beginn an Leben einzuhauchen.

Beatland möchte User aktiv am Geschehen teilhaben lassen. Dies geschieht neben Spielen, Tanzen oder Arbeiten auch in Form von Rollenspielen und Mini-Games. So können Avatare etwa in Mini-Spielen verschiedene Nightlife-Jobs wie Record Store Manager, Promoter oder Club Bouncer innerhalb der magentafarbenen Welt durchlaufen. Die passenden Outfits für die Avatare sowie weitere digitale Items, Verch genannt, können im Plattenladen oder im Telekom-Shop gekauft werden. Gezalt wird dabei mit erspielten Beat Coins, einer Form von virtueller Währung, die sich Spieler mit den Aufgaben in Beatlands verdienen können (Abb. 3.1).

Die Erlöse, die die Telekom mit Beatland einnimmt, möchte das Unternehmen direkt in den Ausbau des Beatland-Erlebnisses investieren. Wichtig, bei den sogenannten Beat Coins handelt es sich nicht um eine echte Krypto-Währung, da Roblox nur eine Semi-Metaverse ist und keine Web3.0- oder Krypto-Plattform darstellt, Beat Coins sind lediglich eine „in game" erspielbare Währung, die nicht in real existierende Währungen getauscht werden kann.

Dennoch verdient das Unternehmen mit Beatland reales Geld. Denn neben virtuellen Versionen von realen Telekom-Produkten, wie beispielsweise ein 5G-Telefon für den Roblox-Avatar, findet ein sehr subtiles Cross-Selling & Branding für das Realverse der Telekom statt.

Ein passendes Beispiel ist der interaktive Lernansatz zur optimalen Verteilung von Mesh-Routern, um großzügig Bandbreite in seinem gesamten Eigenheim zu besitzen. Wer die virtuelle Großstadt im Beatland vollständig erkundet hat, kann sich in einen Bus setzen und dem urbanen Zentrum entfliehen. Der Zielort der kleinen Busreise ist ein einsames Landhaus, in dem Arbeit auf den Avatar wartet.

Abb. 3.1 Beatland Metaverse-Experience

Denn hier müssen virtuelle Mesh-Router so platziert werden, dass in jedem Winkel einwandfrei Bandbreite vorhanden ist. Die hilfreichen Tipps, mit denen man schlussendlich die Mesh-Router optimal platziert, können genauso im Realverse, der realen Welt also genutzt werden.

3.1.1 Die Logik von Beatland

Wer verstehen möchte, wie renommierte Marken hervorragende Metaverse-Erlebnisse oder Brandversen schaffen, sollte sich selbst auf den Weg ins Metaverse begeben und sich selbst ein Bild der spielerischen Möglichkeiten verschaffen. Worauf sollte man achten und was lernt man durch diesen Aufenthalt?

Am Beispiel von Beatland kann man deutlich erkennen, dass das Nutzererlebnis in der Planung an erster Stelle stand. Bevor man Nutzern einen virtuellen Raum mit Mehrwerten generieren kann, bedarf es eines klaren Konzepts, einer unterhaltsamen Story, eines durchgängigen roten Fadens. Bei einem Thema oder Genre beginnend entwickelt man zunächst eine grobe Skizze einer zur Marke passenden virtuellen Umgebung.

Das bedeutet, bevor es überhaupt in eine grafische oder technische Entwicklung geht, braucht es Antworten auf diese Fragen:

- Wer ist unsere Zielgruppe und was ist unsere Zielsetzung?
- Was sind die aktuell existierenden Metaversen und Semi-Metaversen?
- Aber vor allen Dingen: In welcher dieser Möglichkeiten finden wir eine akzeptable Personenzahl unserer Zielgruppe vor?

Wenn auf Basis dieser drei Grundsatzfragen das geeignete Metaverse ausgewählt ist, gilt es folgende Fragen zu beantworten:

- Wie agieren die User dort am liebsten?
- Wie soll die eigene Bewegungsumgebung aussehen?
- Mit welchen authentischen Spiel- oder Nutzererlebnissen kann man User an die Metaverse-Experience binden?

Nachdem hier die Antworten erarbeitet sind, steigt man in die Arbeit um Marke und Marketing ein:

- Wie wird die Corporate Identity des Unternehmens umgesetzt oder wird bewusst mit neuen Ideen und Identities gearbeitet?
- Wie können User mit der Marke innerhalb der virtuellen Umgebung agieren, sie erfahren und kennenlernen?
- Und last but not least: Wie sieht die Bewerbung der Corporate Metaverse Experience aus? Wie werden die potenziellen User attracted und über welche Kanäle und Medien werden sie angesprochen?

Die klare Warnung bei der Schaffung eines eigener Brand-Experience wie Beatland: Lediglich einen digitalen Zwilling eines real existierenden Stores zu bauen ist sinnlose Zeit- & Ressourcenverschwendung. Sogar die Frage, ob man mit dieser eigenen Brand Experience die Pfade der bestehenden Corporate Identity verlässt, ist erlaubt. Um das Metaverse dann als echtes Brand Lab und als Test für neue Wege zu nutzen.

Beatland ist zum Beispiel eine in eine Nachtstimmung gehüllte Stadt. In Verbindung zu den fast spielerischen Kunstwerken und Orten, dem spärlichen Einsatz von Licht und der klaren Verwendung der Telekomfarbe Magenta konnte so ein authentischer Playground in einem roughen, urbanen Umfeld kreiert werden. Der aber ohne Zweifel zur Brand World von Telekom Electronic Beats passt.

Kleine, einfache Spiele und Interaktionen in der Umgebung von Beatland, schaffen nicht nur Spielspaß, sondern erhöhen auch die Verweildauer von Nutzern. Im Beatland wurden dafür zum Beispiel die begehrten Sammelobjekten an versteckten und schwerer zu erreichbaren Orte platziert.

Die gesammelten Objekte und Beat Coins können dann im Beatland-Shop gegen virtuelle Gadgets eingetauscht werden. Zum Beispiel den Pogo-Springstock, der Usern die Fähigkeit verspricht höher zu springen und so an noch mehr Orte im Beatland zu gelangen. Mit dieser simplen Logik entsteht ein Gamification-Raster, das den Usern Lust macht, die Stadt in jedem noch so kleinen Winkel zu durchsuchen.

Der nächste Aktivierungs-Level für die, die Stadt erkundet haben, ist es Beat Coins durch Jobs zu verdienen. Wie wäre es beispielsweise mit der Anstellung als Promoter oder Bartender bei Veranstaltungen im Club? Natürlich handelt es sich hierbei nicht um eine echte Festanstellung. Und es sind auch nicht 8 Stunden pro Tag notwendig, um sich seinen „Lebensunterhalt" in Beatland zu sichern. Virtuelle Jobs, die nichts anderes als zu absolvierende Aufgaben sind, erhöhen die Verweildauer, die User-Bindung und die Attraktivität. Und die User werden so durch die gesamte, virtuelle Brand World gelotst und lernen so subtil die Marke kennen.

3.1.2   Where is the Brand in Beatland?

Beatland besitzt unglaublich vielseitige Interaktionen und Aufgaben innerhalb der virtuellen Umgebung. Viele der Spannungs-Elemente animieren User dazu die vollständige virtuelle Umgebung zu entdecken und diese nach Details zu durchsuchen. Ein Traum für jedes Unternehmen, welches seine Chancen und Möglichkeiten in digitalen Routen erkennt.

So können wie im Realverse auch im Metaverse OutofHome-Medien wie Großflächen oder Videoleinwände implementiert werden, um die Markenstory zu erzählen. Aber im Metaverse sind auch kreative, neue Ansätze möglich. Ideen für die beispielsweise die Naturgesetzte der realen Welt ausgehebelt werden können. Ein schwebendes Auto im Corporate Design der Marke oder ein Vulkan, aus dem Nilpferde springen, im Metaverse alles denk- und machbar. Es gibt nahezu keine Grenzen für Kreativität.

Im Falle von Beatland penetriert die Marke ihre Corporate Colour „Magenta" sowie sekundär das Markenlogo. Konzeptionell erweckt Beatland eine zur Markenidentität von Telekom Electronic Beats passende Clubatmosphäre. Das visuelle Konzept ist das einer Stadt in Dunkelheit. Lichter, Scheinwerfer und

Neonröhren erwecken eine moderne, zeitlose Atmosphäre und für die Roblox User interessantes Surrounding.

Aber Beatland versucht mehr als nur Markenwelt zu sein. Durch die Einbindung von Künstlern unterschiedlicher Genres ist Beatland eben auch Club, Record Store und Galerie. Und überall ist clever, smart und subtil die Marke integriert. Das kreativste an jedem urbanen Club sind die Toiletten. So auch in Beatland. Street Art und Graffitis kombiniert mit den klaren Brand Messages wie „das Beste Netz" oder „jetzt zu 5G wechseln." Wirklich gut integriert, kaum aufdringlich oder ungewohnt.

3.1.3   Warum macht Beatland wirklich Sinn?

Der Grund für Marken als First Mover eine eigene Metaverse-Experience zu kreieren, ist in der Regel, eine neue Plattform oder ein neues Ökosystem zu schaffen. Um mit Usern zu interagieren, zu kommunizieren und Inhalte teilen zu können. Marken nutzen eigene Corporate Metaverses, um vor neue Märkte zu erschließen oder um innovative Geschäftsmodelle zu entwickeln und auszuprobieren. Aber vor allem, um neue Zielgruppen zu erreichen, zu erschließen und zu Kunden zu machen.

Die für Beatland gewählte Plattform Roblox ist ein Semi-Metaverse, eine Online-Gaming-Plattform. Im Oktober 2021 wurde dort mit 226 Mio. aktiven Usern weltweit der höchste Wert seit Gründung von Roblox im Jahr 2006 erzielt. Und die User von Roblox sind zu einem großen Teil Kids der Generation Alpha (nach 2010 geboren) und jünger. Das muss man wissen, wenn man sich diese Plattform als Basis für seine Brand Experience aussucht.

Schaut man auf der Startseite von Beatland nach, haben mehr als 14 Mio. aktive User im ersten Jahr Beatland besucht und dort interagiert (Telekom 2022). Auch heute im, April 2023, 14 Monate nach Launch) ist Beatland noch immer aktiv und wird täglich von Nutzern besucht. Die erzielten Umsätze durch virtuelle Verkäufe der Artikel wurden nicht offengelegt. Klar ist aber, dass die erwirtschaftete Summe über virtuelle Verkäufe nicht das Primärziel der Deutschen Telekom gewesen ist.

Aber das Primärziel, den Markenkern authentisch, jung und innovativ der Zielgruppe von morgen zu präsentieren, muss man als gelungen bezeichnen. Wenn auch der erste Vertrag fürs Smartphone noch von Eltern oder Großeltern abgeschlossen wird, der nächste Vertrag, die nächste Prepaid-Card, das nächste Endgerät wird von den Roblox Usern selbst entschieden. Und dafür hat Beatland den Boden bereitet.

3.1.4   Das Glück der Tüchtigen

Auch Monate nach der Eröffnung von Beatland verbreiten Content Creator Inhalte über die Erlebniswelt der Deutschen Telekom. Zu Recht, denn schafft es eine Marke auf die Bedürfnisse einer etablierten Community innerhalb eines Metaverse oder Semi-Metaverse einzugehen, wird die Community innerhalb ihrer Möglichkeiten die Marke promoten.

Im Falle von Beatland spielt auch der Faktor „Zeit" oder besser „zur richtigen Zeit an der richtigen Stelle zu sein" eine Rolle. Als Anfang 2022 in Deutschland das Thema Metaverse größer und präsenter wurde, gab die Deutsche Telekom bereits die Eröffnung der Metaverse-Erlebniswelt bekannt. Als ein echter First Mover, der damit auch auf der ersten Metaverse-Welle der Bekanntheit reiten konnte.

Aber das Glück des frühen Vogels kann nicht jede Marke erwarten, First Mover können nur wenige sein. Für ein so großes und teures Projekt wie Beatland gelten die gleichen Regeln, wie für die Bekanntmachung eines jeden neuen Produkts oder Projekts. Es braucht ein Budget für Marketing, PR und Werbung. Von selbst stolpert auch keiner der 226 Mio. Roblox User zufällig ins Beatland.

Das bedeutet aber neben den hohen Entwicklungskosten für ein Corporate Metaverse, neben den Budgets für die permanente Bespielung und Community-Management entstehen auch Kosten, um Menschen in diese Metaverse Experience zu locken. Niemand käme im Realverse auf die Idee ein Festival oder Event zu veranstalten in der Hoffnung, dass wohl irgendwer mehr oder weniger zufällig ein Ticket kaufen würden. Same same in the Metaverse.

Je nach gewähltem Metaverse stehen oftmals die klassischen Kanäle und Medien wie Online-Anzeigen, Banner etc. zur Verfügung. Aber noch mehr die Zusammenarbeit mit Influencern oder anderen Bloggern, die über die Metaverse-Experience in ihren Kanälen schreiben und ihre Follower einladen. Oder die Veranstaltung von Meetups innerhalb der Metaverse-Community, um Nutzer einzuladen. Oder Kollaborationen mit bestehenden, aktiven Communities.

Und hier sehen wir einen wesentlichen Schwachpunkt von Beatland. Vieles gut und richtig gemacht. An manchen Stellen auch das nötige Glück gehabt. Und am Ende des Tages das Budget eines großen, internationalen Konzerns. Und seine Bekanntheit und Reichweite. Aber...

...wenn ich einen Protagonisten wie den international erfolgreichen DJ Boris Brejcha in das Konzept einbinde, diesen zwei Tage lang sicher auch seine ersten virtuellen Gigs im Metaverse spielen lasse und ihm dafür dann auch sicher eine angemessene Gage zahle. Darüber hinaus seine venezianische Maske zu einem virtuellen Gadget machen. Und dann in der 1,5 Mio. starken Community des Künstlers nichts zu dieser Kollaboration passiert, dann ist das Community-Konzept des Projekts leider nicht so stark wie der Rest des Konzepts. So, what! Beatland by Telekom Electronic Beats. Das Projekt für die Zielgruppe von morgen muss erstmal jemand so gut nachmachen. Auch wenn es ein Semi-Metaverse war, keine Blockchain und kein NFT eine Rolle gespielt hat. Wünschenswert wären sicher mehr Aktionen, Events und neue Gamification Tools im Laufe der Zeit gewesen. Aber als Markenauftritt in den ersten Momenten des Metaverse eine saubere Leistung.

3.2   Ein ziemlich echtes Brand Metaverse. #oceandetox. World Wildlife Fund for Nature

Der zweite Case ist anders als Telekom's Semi Metaverse „Beatland" ein Full Metaverse Case. Hier wird die ganze Klaviatur gespielt: Blockchain, Smart Contracts und der Verkauf von digitalen NFT-Kunstwerken. Echtes Metaverse, aber mit deutlich mehr Arbeit im Community-Aufbau. But let's see:

Der WWF (World Wildlife Fund for Nature) ist eine internationale Umweltorganisation, die sich für den Schutz der Natur und der Artenvielfalt einsetzt. Seit 1961 arbeitet der WWF in mehr als 100 Ländern und setzt sich für den Schutz bedrohter Arten und Ökosysteme ein. Die Organisation unterstützt Projekte zur nachhaltigen Entwicklung und zur Bekämpfung des Klimawandels. Als eine der größten und bekanntesten Umweltorganisationen wünscht der WWF sich eine Zukunft, in der Menschen und Natur in Harmonie miteinander leben können.

Was leider nach einem schwer erreichbaren Ziel klingt, animiert der WWF in einem eigenen Mini-Metaverse und kreiert darüber hinaus für Besucher eine Möglichkeit am Computer oder Smartphone aktiv Müll aus dem Ozean zu sammeln. Und nicht wie üblich nur anonym Geld dafür zu spenden (Abb. 3.2a).

3.2.1   Das #OceanDetox Metaverse

Für die Operation #OceanDetox hat der WWF Deutschland schon mit der Herangehensweise etwas richtig gemacht, nämlich die richtigen Partner gefunden. Zum einen die Künstlergruppe „Savespecies" und den Metaverse Hub „Journee". Dieses Trio eröffnete am World CleanUp Day 2022 einen virtuellen Ausstellungsraum für den guten Zweck im Metaverse. Aber im Gegensatz zum vorherigen Beispiel „Beatland" setzt der WWF nicht auf eine bereits bestehende Plattform

Abb. 3.2a WWF Brandverse

oder ein bestehendes Metaverse. Das wäre naheliegend und einfach. Dort kauft man ein virtuelles Grundstück, baut darauf ein Haus, eine Ausstellung oder einen Playground. Ginge, würde funktionieren, aber der WWF geht eine Extra-Meile...

Die Story: Bis zu 23 Mio. t Plastikmüll landen jedes Jahr in den Gewässern der Welt, das entspricht etwa zwei LKW-Ladungen pro Minute. Tiere verfangen sich in diesem Müll oder halten ihn für Nahrung und verenden oft qualvoll. Schon heute verschlucken Schätzungen zufolge 90 % der Seevögel und die Hälfte aller Meeresschildkröten Plastikteile. Wahrlich keine schöne Story aber eine wichtige.

Aber das Projekt des WWF will nicht nur eine Geschichte erzählen, sondern auch zählbare Erfolge für dieses Thema erreichen. User können sich in der von den Savespecies-Künstlern kreierten und von Journee umgesetzten virtuellen Parallelwelt bewegen, um sie spielerisch zu erkunden und nebenbei die Meere von Plastikmüll befreien.

Das bildgewaltige Herzstück der Ausstellung ist ein amorpher Wal, der sich aus 50 schwebenden Plastikmüll-NFTs zusammensetzt. Diese detailliert gestalteten Objekte kuratieren nicht nur aus dem richtigen Blickwinkel gesehen das über dem Wasser schwebende Säugetier, sondern können auch als digitale Kunst von jedem Besucher des Metaverse erworben werden. Ein Brennpunkt der globalen Plastikkrise ist Südostasien – der digitale Kunstverkauf unterstützt beispielsweise die Arbeit des WWF zur Bekämpfung der realen Plastikflut in Vietnam.

Knapp ein halbes Jahr vor dem Launch der eigenen virtuellen Welt, sammelte der WWF mit einem mehrfach ausgezeichneten Projekt Erfahrungen mit dem Metaverse. Dafür entwickelte die internationale Umweltorganisation von Künstlern gestaltete „Non-Fungible Animals", die auf einer ressourcensparenden Blockchain-Technologie veröffentlicht wurden, womit der WWF trotz Kritik am Energieverbrauch der Blockchains markenkonform auftreten kann.

Zurück zur Operation #oceandetox. Hier können User mit einem auf der Plattform vorgegebenen oder aber mit einem selbst erstellten Avatar agieren. Hier ist der WWF als eines der ersten Corporate Metaverse Projekte eine Kooperation mit 3D-Avatar Creator ReadyPlayerMe eingegangen. Was in diesem Fall bedeutet, mit einem völlig individuellen Avatar agieren zu können. Da die kooperierenden Metaversen wie auch das des WWF dort angezeigt werden besteht die Möglichkeit als Zusatznutzen User von der Avatar-Plattform ReadyPlayerMe zu gewinnen.

In diesem Case heißt Aktion auch Aktion, von Gamification zu reden ist hier zu wenig. Die User dieses Metaverse können immersiv oder dreidimensional in Aktion treten, sie können Geld spenden oder durch das Einsammeln von virtuellem Müll realen Plastikmüll aus den Ozeanen entfernen lassen. Klingt creepy, funktioniert aber. Die User der Seite haben mit ihren Aktivitäten bereits dafür gesorgt, dass fast 2,5 t Müll (vgl. Abb. 3.2b) aus den Weltmeeren entfernt wurden. (WWF 2022).

Abb. 3.2b WWF Brandverse

3.2.2 Interoperabilität ist der Schlüssel

Das man in der Operation #oceandetox mit einem ReadyPlayerMe Avatar agieren kann, beweist dass dieses Projekt den Wunsch der Metaverse-Community verstanden hat. Ein vereintes, übergreifendes, aber interoperables Internet. Wer sich in der virtuellen Welt bewegen will, kann sich mithilfe der Plattform von Ready Player Me in Sekundenschnelle einen 3D-Avatar erstellen und damit in vielen verschiedenen Metaversen bewegen.

Dazu benötigt man lediglich ein eigenes Foto, lädt dieses hoch und lässt sich dank AI innerhalb von 10 Sekunden ein virtuelles Pendant kreieren. Wem das Ergebnis nicht passt, der kann mithilfe bereitgestellter Werkzeuge auf der Webseite den Avatar optisch anpassen. Die Frisur, das Outfit, die Haare und Hautfarbe können auf diese Weise modelliert werden. Figuren können jedoch auch ohne Vorlage selbst gebaut werden. Ein mit dem Generator erstellter Avatar kann heruntergeladen und in den zahlreichen Partner-Apps verwendet werden, wie eben zum Beispiel in der Operation #oceandetox des WWF.

3.2.3 Werte richtig vermitteln

Insbesondere wenn Nachhaltigkeit und Umweltbewusstsein ein relevantes Thema für die Marke, aber auch für die Zielgruppe sind, ist die Entscheidung der Technologie ein starkes Ausdrucksmittel. Der WWF hat ist mit der Wahl einer ressourcenschonenden Blockchain seinem Markenkern gerecht geworden. Und hat zum anderen eine Vorbildfunktion für weitere, nachhaltige Web3 & Metaverse Projekte erfüllt. Nachhaltigere Blockchains bedeuten weniger Energieverbrauch aber auch geringere Betriebskosten. Dies ist kein Green Washing sondern für eine Marke wie den WWF eine unumstößliche Basis für saubere und umweltbewusste Kommunikation.

Ein kurzes Zwischenfazit. Eine gute, relevante Story. Ein eigenes den Werten entsprechendes Surrounding gewählt. Und sich für die optimale Technologie entschieden. Aber jetzt ist die innovative Umsetzung gefragt.

Der WWF hat sich in seinem Projekt für sehr ansprechende und aufwendig designte NFTs entschieden. Eine virtuelle Kunstausstellung mit positiven Mehrwerten für die Umwelt. Mit den Earnings aus dem Verkauf der NFTs unterstützt die Organisation Umwelt-Projekte beispielsweise in Süd-Ostasien. Dass die Gelder auch in diese Projekte investiert werden, kann transparent für Jeden aus den Daten der Blockchain entnommen werden.

Verschiedene nachhaltige Unternehmen, Organisationen und Charity-Projekte nutzen NFT-Technologie, um Gutes zu tun aber damit auch Brand Awareness und positives Image zu erzielen. Tue Gutes und rede darüber. Folgende Möglichkeiten könne bereits heute von Marken in diesem Zusammenhang verwendet werden:

1. Der WWF erstellt in seinem Projekt NFTs, die Spenden generieren. Mit diesen Spenden werden zum Beispiel bedrohte Tierarten oder Regenwälder geschützt. Die Besitzer der NFTs könnten sich dann als Unterstützer solcher Projekte ausweisen und ihr Engagement sichtbar machen.
2. NFTs für Klimaneutralität: Marken können NFTs verwenden, um ihre klimaneutralen Produkte zu vermarkten und zu bescheinigen, dass sie keine negativen Auswirkungen auf das Klima haben. Dies kann Kunden dazu ermutigen, solche Produkte zu kaufen und damit einen Beitrag zum Klimaschutz zu leisten.
3. NFTs für den Umweltschutz: Künstler könnten NFTs verwenden, um ihre Kunstwerke zu vermarkten und gleichzeitig auf die Bedeutung des Klimaschutzes aufmerksam zu machen. Die NFTs könnten beispielsweise mit Spenden verbunden sein, die zu klimafreundlichen Projekten beitragen. Der WWF hat beim Design seiner NFTs auf bedrohte Tierarten gesetzt. So kann zum Beispiel das NFT White Rhino erworben werden. Ein 3D-Design, das nicht nur ein Kunstobjekt des Tiers beinhaltet, sondern auch über seinen Artenschutz, den gewohnten Lebensraum und das Tier selbst informiert.
4. NFTs für nachhaltige Events: Veranstalter von Events könnten NFTs verwenden, um ihre Veranstaltungen die Nachhaltigkeit ihrer Events zu kommunizieren und darüber zu informieren, dass sie bestimmte Maßnahmen zum Schutz der Umwelt ergriffen haben.

Nur einige heute schon mögliche Beispiele. Entscheidend beim Einsatz von NFTs für Charity-Projekte ist die Transparenz. Einmal auf der Blockchain heißt immer auf der Blockchain. Keine Spende kann in falsche Kanäle gelangen, keine noch so gute Absicht kann nur ein Wunsch bleiben. Wer mit NFTs Gutes tun will, ist jederzeit transparent und wird an seinen Taten gemessen. Und nicht an seinen Worten.

3.2.4 Marke braucht Vertrauen – auch im Metaverse

Es wundert kaum, dass eine Umweltorganisation eine virtuelle Umgebung schafft, die die Schönheit der Natur widerspiegelt. Doch die gesamte Umgebung bietet unterschiedlichste Aktivitäten an, mit denen der WWF das Bewusstsein für die Marke erhöht. Zum einen schafft die natürliche Umgebung jede Menge Raum für WWF-Inhalte. Dazu gehören Informationsgrafiken, Videos und allerlei interaktive Anwendungen wie einen spazierenden Panda oder der verteilte und sammelbare Müll. Die unterschiedlichen Interaktionselemente beschäftigen sich stets mit den Aktivitäten und Zielen des WWF. Das sehr gradlinig umgesetzte Metaverse ist eine Art interaktiver Workshop, der automatisch bei der Reise durch das Metaverse absolviert wird.

Durchaus gamifiziert wird der User immer wieder auf umweltpositive Projekte aufmerksam gemacht, erhält wertvolle Infos und hat die Möglichkeit mit einem Klick auf die Objekte weitere Informationen zu erhalten. All das wird mit ansprechenden visuellen Veränderungen begleitet. Sich verändernde Landschaften, wie beispielsweise blaues Meer, schneebedeckte Tundra, sandige Wüste oder dichter Wald führen die User schon auf dem Weg in das Surrounding der jeweiligen Artenschutz-Projekte.

Manchmal nur in der Ferne zu erkennende monumentale Staturen von Tieren, geben dem Ganzen den Touch einer Kunstausstellung und nicht eines Gamesmit dem Ziel Spenden zu sammeln. Authentizität und Glaubwürdigkeit erzeugen ein positives und nachhaltiges Markenbild.

3.2.5 Viele Wege führen ins Metaverse

Warum hat sich der WWF für ein eigenes Brandverse entschieden und nicht Land auf einem der bestehenden Metaversen erworben? Es gibt verschiedene Gründe, warum ein Unternehmen sich dafür entscheiden könnte, entweder auf ein bestehendes Metaverse zu setzen oder ein Corporate Metaverse zu entwickeln.

Einige mögliche Faktoren, die bei einer solchen Entscheidung berücksichtigt werden müssen:

1. Die Kosten: Der Aufbau und die Pflege eines Corporate Metaverse sind noch teuer. Stehen diese Budgets nicht zur Verfügung oder befindet man sich in der Versuchsphase ist es sicher sinnvoller sein, zunächst auf ein bestehendes Metaverse zu setzen, das bereits etabliert ist und genutzt wird.

2. Die Community: Ein bestehendes Metaverse verfügt bereits über eine bestehende Community auf die die Marke zugreifen kann wie das Beispiel „Beatland" zeigt. Ein eigenes Metaverse hingegen muss erst seine User finden, begeistern und binden. Die schwerste Aufgabe überhaupt, wie die doch noch überschaubaren Userzahlen der Operation #oceandetox zeigen.

3. Der Nutzen: Ein bestehendes Metaverse ist Stand heute für bestimmte Zwecke noch besser geeignet, zum Beispiel für soziale Interaktionen, Spiele oder kommerzielle Anwendungen.

4. Die Flexibilität: Ein eigenes Corporate Metaverse bietet der Marke größere Flexibilität und Kontrolle. Es kann deutlich mehr an die spezifischen Bedürfnisse und Anforderungen der Marke angepasst werden, Corporate Identity und Corporate Design können besser umgesetzt werden und die Regeln und Richtlinien können selbst festgelegt werden.

Auf ein bestehendes Metaverse setzen oder ein eigenes Metaverse bauen? Auf dem heutigen Stand der Entwicklung kann darauf keine eindeutige Antwort gegeben werden. Die Entscheidung hängt vom Konzept, dem Budget und den Ressourcen der Marke ab. Insbesondere von den Möglichkeiten eine eigene Community zu bauen.

Der WWF setzt mit einem eigenen Corporate Metaverse auf den Nutzen und Flexibilität. Das Nutzen einer bestehenden Community hätte der Operation #oceandetox gutgetan, mit der Nutzung der Tools wie Ready Player Me hat das Projekt zumindest eine geringe Hemmschwelle. Denn viele bestehende Metaverse User haben hier bereits einen Avatar und sind somit nur noch einen Klick entfernt.

3.2.6   Nachhaltigkeit mit kurzem Atem

Der WWF hat sicher eine beachtenswertes, gutgemeintes und optisch gutgemachtes Corporate Metaverse gebaut. Was der Operation #oceandetox fehlt, ist ein Grund wieder zu kommen und sich erneut mit den Inhalten auseinanderzusetzen. Es mangelt an Spielspaß und Gründen länger zu verweilen oder gar zurückzukommen. Gründe wie zum Beispiel Special Events wie sie zum Beispiel Beatland ab und zu bietet. Sicher ist es nett für einige Zeit einem virtuellen Panda hinterher zu laufen, ein PlaytoDonate, wie es vollmundig versprochen wurde ist dabei aber nicht vorhanden.

Schade, denn wirklichen Umwelt- und Artenschutz spielerisch zu betreiben sollte doch ein guter Grund sein. Treue Fans des WWF werden sicherlich Zeit und Geld mitgebracht haben, eine neue Zielgruppe wird der WWF aber mit diesem

Projekt nur schwierig erreichen. Spärliches Marketing und wenig Community Building und Management sind hierfür die Gründe. Und dabei weiß man beim WWF und seinen Partnern wie es geht. Denn der unbedingt für die Kommunikation mit der Community notwendige Discord Server wurde aufgesetzt. Aber weniger als 100 angemeldete Teilnehmer und seit dem Starttermin keine neuen Informationen zeigen den Schwachpunkt dieses Metaverse Cases auf.

Aber wie kann eine Marke es besser machen? Es braucht interessante und ansprechend gestaltete Inhalte. Nutzer werden länger bleiben, wenn sie etwas finden, das sie fesselt und unterhält. Dies schafft der WWF beim ersten Besuch durch die schöne Optik und Vielfalt. Es mangelt jedoch an neuen Inhalten. Das Metaverse lebt von Kreativität und Storytelling. Nutzer kehren zurück, wenn die Geschichte immer wieder neue Kapitel zu bieten hat.

Was ein Metaverse von einer reinen Gaming-Plattform unterscheidet, ist der soziale Aspekt. Nutzer wollen einbezogen werden, selbst Inhalte erstellen oder zumindest beeinflussen können. Durch soziale Aktivitäten und die Möglichkeit, sich mit anderen Nutzern zu verbinden, entsteht Community. Biete das Metaverse keine technologische Voraussetzung dafür, sollte zumindest auf dem Discord diese Möglichkeiten bestehen. Der Discord-Server von Operation #ocenadetox bietet leider keinerlei Community Management an.

Last but not least ist ein wesentlicher Erfolgsfaktor das Anbieten von neuen Aktivitäten und Erfahrungen, wie beispielsweise wiederkehrende, virtuelle Events. Die Möglichkeit, neue Dinge auszuprobieren und zu erleben, sind die Chance das Einmalbesucher wiederkommen und länger verweilen. Gamification ist the key. Spielerisches Erleben, Belohnung oder Status erlangen und dann damit noch Gutes für die Umwelt zu tun. Klingt einfach, ist aber eine Menge Arbeit.

Die Operation #oceandetox des WWF. Ein interessanter Case mit einer Menge Learnings. Fazit: Stark angefangen, stark nachgelassen. Aber man soll die Hoffnung ja nie aufgeben. Seit Februar 2023 ist ein Update mit neuen Themen und Aktivitäten am Start. Mal sehen ob diesmal alles besser wird…

3.3 PlayToEarn Experience. Forbes. Metaverse Hub

Nicht nur Sneaker, Handtaschen, Autos oder Luxusuhren sind inzwischen mit ihrer Marke im Metaverse. Auch Lifestyle-Magazine wie der Playboy oder Forbes setzen auf den neu gewonnenen Raum im Digitalen Space. Der dritte Case stellt eine der häufig genutzten Experiences des Metaverse in den Mittelpunkt. Das

PlayToEarn. Im Bereich der Online-Games ein alter Hut, im Metaverse einer der wichtigen Hebel um Erstbesuch, Wiederkehr und Verweildauer der Community zu beeinflussen.

Forbes ist ein amerikanisches Wirtschaftsmagazin, das sich auf die Berichterstattung über Wirtschaft, Finanzen und Unternehmen spezialisiert hat. Seit Mitte Dezember 2022 darf man das Magazin im Sandbox Metaverse erfahren und kennenlernen. Wie man dort auf dem virtuellen Stück Land lernt, wurde das Unternehmen 1917 von B.C. Forbes gegründet und wird heute von Forbes Media verlegt. Forbes ist vor allem bekannt für seine jährlichen Listen von Milliardären und anderen wirtschaftlich erfolgreichen Personen. Insbesondere in der Zielgruppe junger Unternehmerinnen und Unternehmer ist es heute ein echtes Goal auf die jährliche Liste der Forbes 30 under 30 zu kommen.

Warum Forbes dabei auf Markenbildung im Metaverse und dort auf das Metaverse Sandbox setzt? Spannende Fragen mit spannenden Antworten.

3.3.1 Das Sandbox Metaverse

Forbes setzt nicht auf ein eigenes Metaverse (Brandverse), sondern auf die bestehende Metaverse-Plattform Sandbox. The Sandbox ist eine Plattform für benutzergenerierten Inhalt (User Generated Content, UGC) im Bereich des Gaming & Entertainment. Die Plattform ermöglicht es Benutzern, eigene Spiele und Inhalte in Form von NFTs zu erstellen und zu veröffentlichen, die dann von anderen Benutzern gespielt oder angeschaut werden können. Die Optik des Metaverses gleicht der von dem beliebtesten Spiel der Welt: Minecraft. Diverse Unternehmen erwarben in den letzten Jahren Grundstücke auf der virtuellen Welt, dazu zählen Adidas, Die Schlümpfe, Walking Dead und Snoop Dogg.

The Sandbox verwendet für den Handel von Grundstücken & digitalen Assets eine eigene Kryptowährung namens SAND, die die User benötigen, um digitale Assets zu kaufen. Die aber auch als Belohnung für die Erstellung von Inhalten und für das Spielen der Welten ausbezahlt werden. Die SAND Coins basieren auf der Kryptowährung Ethereum und funktionieren mit vielen der üblichen Wallets wie zum Beispiel MetaMask.

Ein Grund für die Nutzung bestehender Metaversen ist sicher der Zugriff der Unternehmen auf ein bestehendes Ökosystem. Auf einer gewaltigen, digitalen Karte erwerben Marken zunehmend Grundstücke, bauen mit einem vorgegebenen Baukasten eine eigene Metaverse Experience auf und laden anschließend User ein, um entweder die eigene Marke virtuell besser kennenzulernen oder aber um sich mit einem neuen Produkt oder einer neuen Dienstleistung vertraut zu machen.

Nahezu ausnahmslos wird über die Markenziele der Mantel der Gamification gedeckt, der Spielcharakter wird nicht nur akzeptiert, er wird sogar gewollt. Die Community von The Sandbox ist es gewohnt Marken spielerisch kennenzulernen und dafür sogar belohnt zu werden, sei es durch NFTs oder Kryptowährungen. Und genau diese Funktion, nämlich die User mit digitalen Assets zu belohnen, macht das Genre PlayToEarn aus.

3.3.2 Das PlayToEarn Ökosystem

PlayToEarn ist ein Konzept, bei dem Spieler In-Game-Belohnungen erhalten, indem sie bestimmte Aufgaben absolvieren. Forbes nutzt in seinem Case dieses Konzept, um zum einen eine Gesamtsumme von 50.000 Sand (der Wert in € variiert, beim Launch des Projekts entsprach die Summe ca. 25.000 €) und einzigartige NFTs gerecht an die User zu verteilen. Teilnehmer an dieser Spendenverteilung waren alle die Personen, die sämtliche Aufgaben im Metaverse absolviert und anschließend Werbung auf Twitter für die Forbes Experience gemacht hatten. Der gesamte Prozess, sowie die Authentifizierung wird gänzlich im Metaverse und auf der Blockchain abgebildet.

Die meisten Aufgaben in Forbes virtueller Welt drehen sich darum, die Marke besser kennenzulernen und anschließend in einer Art Quiz-Game zu beweisen, was man davon behalten hat. An das notwendige Wissen gelangt der Nutzer des Metaverse über Interaktion mit der Spielwelt. Zum Beispiel mit einem Besuch der Garage des Forbes Anwesen. Auf anhand der dort präsentierten Trophäen ist zum Beispiel zu erkennen in welchem Jahr Forbes welche Preise gewonnen hat.

Hat der User alle Aufgaben absolviert, erkennt dies das System und der User erhält automatisch die Möglichkeit für Belohnungen. Diese Belohnungen können in Form von virtuellen Gegenständen oder Kryptowährung ausgezahlt werden.

Das Konzept von PlayToEarn basiert eigentlich auf der Konterkarierung der Gaming Idee. Anstatt für In-Game-Inhalte zu bezahlen, erhält man Geld für die getätigten Aktionen oder die verbrachte Zeit. Es gibt verschiedene Arten von PlayToEarn-Spielen, darunter kostenlose Spiele mit In-Game-Käufen, Freemium-Spiele und vollständig kostenlose Spiele, die durch Werbung finanziert werden. Bekannte Beispiele für PlayToEarn-Spiele sind Krypto-Sammlerkarten, die durch Handeln der Karten mit anderen Spielern wertvoller werden können. Oder Spiele, bei denen Spieler virtuelle Landflächen erwerben und verkaufen können, um dabei Kryptowährung zu verdienen (Abb. 3.3).

Abb. 3.3 Forbes Metaverse-Erlebnis

3.3.3 Zu Besuch in der Forbes Mansion

Schon in den vorherigen Cases wurde der Unterschied zwischen dem Aufbau eines eigenen Metaverse und der Nutzung vorhandener Metaversen beleuchtet. Höhere Flexibilität, größere Designmöglichkeiten, weniger Abhängigkeiten versus größere Community und höhere Bekanntheit.

Eine Marke wie Forbes hat für die Auswahl von The Sandbox aber sicher noch weitere Entscheidungsgrundlagen gehabt. Zum einen sicher die Strahlkraft der dort vertretenen Marken, die bereits in spektakuläre und aufmerksamkeitsstarke Zeit und Geld investiert haben. Und jede neue Marke sorgt erneut für Aufmerksamkeit, die als Abstrahleffekt auch für das eigene Metaverse-Erlebnis dient. Nur ergänzend sei angemerkt, dass sich The Sandbox auf eine spezielle Community konzentriert, die die beliebte Voxel-Grafik mag und spielerisch im Virtuellen sehr aktiv ist.

Zusammengefasst: Forbes setzt auf ein bestehendes, funktionierendes und etabliertes Ökosystem, nutzt die bestehende, vorher noch kaum erreichte Zielgruppe und schafft damit neue Brand Awareness. Mit der eigenen PR-Maschinerie der Forbes Mediengruppe erfährt das Ganze hohe Multiplikation.

Auf geht's zu einem Besuch in die Forbes Mansion. Dafür entwickelte das Wirtschaftsmagazin eine gigantische und stilvolle Villa auf einer einsamen Insel. Dabei wird besonderer Wert auf Design, Style und Diversität der Einrichtung gesetzt. Alles basiert auf einer virtuellen Welt der Schönen und Reichen. Die Experience beginnt auf einem Bootssteg, es wartet eine luxuriöse Yacht. Sowohl mit der Yacht als auch mit ihrem Kapitän kann der Besucher interagieren und so Informationen über seine zukünftigen Aufgaben in der Forbes Welt erfahren. Die gesamte Insel erinnert an ein edles Luxus-Resort. Nach Verlassen der Transfer-Yacht erwarten die Besucher ein Fine-Dining Restaurant, eine Garage gespickt mit besonderen Fahrzeugen, eine Roof Top-Bar, ein Museum, ein Fashion Store und ein Kunstgarten. Zentrum der Experience ist eine beeindruckende Empfangshalle, gefüllt mit den Gesichtern der Forbes Protagonisten seit 1917.

Während der Navigation durch die Brand Experience erfahren die Nutzer alles Wichtige über die Geschichte und den Purpose des Magazins. So werden beispielsweise in der Kunstgalerie Gemälde in Pixelart ausgestellt. Darunter aufmerksamkeitsstarke und PR-taugliche Bilder der letzten Forbes 30 under 30 wie zum Beispiel von Hailey Bieber. Wo sich dann der Kreis der Community-Bildung wieder schließt, denn ihre fast 50 Mio. Instagram-Follower folgen ihr vielleicht auch in die Forbes Mansion.

Die gesamte Experience fühlt sich an wie eine prunkvolle Führung durch eine moderne Kunstausstellung. Unmittelbar nach dem Eintritt in diese Welt nimmt Forbes den User an die Hand und führt ihn durch jeden Raum oder jede Ebene der Metaverse Experience. Was vielleicht subtil klingt ist aber währen der ganzen Experience eine riesige, leuchtende Markenwelt. Die Fässer im Weinkeller: Forbes Branding. Die Treppengeländer in der Villa: Goldene Schmiedekunst mit F's im typografischen Stil der Marke. Selbst die platzierten Avatare in der Mansion besitzen einen geschichtlichen Bezug zur Marke. Oder es hängen besondere Ausgaben des Magazins als stilvolle Gemälde an der Wand. Last but not least. Wenn alle Aufgaben absolviert sind, gibt's ein Feuerwerk dessen großes Finale das illuminierte Wort FORBES ist.

3.3.4   Perfekter Playground für Übertreibung

Keine Frage, dass was Forbes in seiner Metaverse Experience veranstaltet, ist aufdringlich, es ist grenzwertig, vielleicht sogar manchmal zu viel. Aber genau das ist eine der Chancen des Metaverse. Mutig sein, Dinge ausprobieren, Grenzen austesten. Im Forbes Case entsteht trotz dieser Aufdringlichkeit selten das Gefühl durch eine billige Markenwelt zu laufen.

Das gut gemachte Logo wirkt stets kunstvoll inszeniert, ist gut ins Surrounding integriert. Die Metaverse Experience besitzt eine beeindruckende Menge an

Wow-Elementen. Kreative Hingucker wie beispielsweise ein aus einzelnen Pixeln kreierter Marmortisch.

Dass was Forbes hier im Metaverse macht, ist eine deutlich stärkere Botschaft wie sie auf Social Media zu transportieren ist. Was auf Instagram oder TikTok kurze Videos sind, ist hier eine erlebbare Markenwelt aus Farben, Logos, interaktiven Erlebnissen, ja sogar aus Werten und Purpose.

Forbes bedient alle Trigger einer virtuellen Begehrlichkeit in solch einer Community. Zum Beispiel durch den Kauf eines virtuellen, gut designten Outfits können Nutzer eine Zugehörigkeit zur Community ausdrücken, aber eben auch interoperabel in anderen Metaversen transportieren. Oder ins Realverse.

3.3.5 Gut gemeint oder gut gemacht?

Jeder Marke die aktuell den Weg ins Metaverse geht, Budgets, Ressourcen und auch Hoffnungen investiert gebührt der Respekt für Mut und Innovation. Aber manchmal wäre weniger mehr oder nur wenig mehr sehr gut gewesen.

Forbes nutzt leider zu wenig die Mehrwerte des Metaverse. Trotz beeindruckendem Interior und geschmackvoller Kulisse erfahren Nutzer letztendlich zwar etwas über die Marke oder lernen ein paar Hintergründe kennen. Dafür hätte aber auch eine ausschließlich virtuelle Umgebung ohne Blockchain-Technologie gereicht. Es fühlt sich so an: Einen Formel1-Rennwagen gekauft, ihn bezahlt und dann mit 30 durch die Stadt gefahren.

Sorry Forbes, da wäre so viel mehr möglich gewesen, mit dieser Experience ist das Metaverse nicht verstanden. Und wird dann leider verallgemeinert und gegen die Idee des Metaverse verwendet.

Aber wie können die Mehrwerte des Metaverse mehr eingesetzt werden? Ein Metaverse ist eine vollständig immersive und persistente virtuelle Realität, die von Benutzern als Erweiterung ihrer realen Welt wahrgenommen wird. Dabei nutzen diese Realitäten Blockchain & Web3.0 Technologien.

Forbes bietet durch den Verkauf virtueller Assets zwar eine Web3.0-Technologie an, geht aber in seiner Erlebniswelt viel zu wenig auf diese ein. Erwirbt man eines der NFTs, können diese zwar gestaltet werden, aber darüber hinaus erlangen die Käufer keine weiteren Mehrwerte.

Das ist in Ordnung, ist aber nicht Metaverse-Standard, sondern ein Standard vergleichbar mit In-Game Käufen in regulären Spielen oder Semi-Metaversen wie Roblox. Nochmal zum besseren Verständnis: Ein Semi-Metaverse ist ein virtueller Raum, der sich an ein bestimmtes Thema oder eine bestimmte Aktivität anlehnt und in dem Benutzer zwar in Echtzeit interagieren können, aber nicht vollständig von der realen Welt abgekoppelt sind. Semi-Metaverse sind häufig weniger immersive als Metaversen, abgekoppelt von einer Blockchain-Technologie und werden oft als Ergänzung zur realen Welt betrachtet, anstatt als Ersatz dafür. Erwirbt man in Semi-Metaversen virtuelle Gegenstände sind diese nicht interoperabel. Man kann diese nicht in andere Erlebniswelten außerhalb der Spielwelt transportieren, zum anderen diese auch nicht an andere Spieler für echtes Geld verkaufen.

The Forbes Mansion ist gut gemeint, aber noch nicht gut gemacht. Technologisch wäre viel mehr möglich, für das was gemacht worden ist hätte es eine einfachere Lösung getan. Let's check the fourth case…

3.4 NFT Experience. Into the Wunderland. Katjes

Nach Semi Metaverse, Full Metaverse und PlayToEarn geht's in diesem vierten Case um das sicher aktuell bekannteste und auch schon häufig umgesetzte Thema NFT. Denn nicht jedes Unternehmen muss eine eigene Metaverse-Umgebung etablieren, um mit dem Metaverse zu agieren oder daran teilzunehmen. Mit einem eigenen NFT-Projekt in das Thema Metaverse einzusteigen ist oft ein guter Anfang für eine Marke. Die Einstiegshürde liegt nicht so hoch, dass zum Verständnis nötige technische Know-how ist überschaubar. Was aber wie bei allen Metaverse Experiences vorhanden sein muss ist die Ressource Zeit.

Auf in die Welt der süßen NFTs. Hier ist die deutsche Marke Katjes mit ihren virtuellen Einhörnern zu Hause. Das Familienunternehmen Katjes Fassin produziert seit 1950 Süßwaren, der damalige Verkaufsschlager und das Markengesicht war das schwarze Lakritzkätzchen. Aber Katjes Fassin ist nicht nur einer der ältesten deutschen Süßwarenhersteller, sondern auch einer innovativsten. Oft ein First Mover und immer eine Marketing driven Company. In den 1970ern mit der Weltneuheit des Fruchtgummis mit Joghurt. Schon 1988 verschwanden alle künstlichen Farbstoffe in den Produkten. Seit 2016 sind alle Katjes Produkte veggie und 2020 gelang die Umstellung auf eine komplett klimaneutrale Produktion. Bei so viel Innovationskraft lag es nahe, dass Katjes eine der ersten Brands in Deutschland war, die sich an das Thema Metaverse trauten (Abb. 3.4).

Into the Wunderland. Die NFT-Kollektion mit dem Namen „Wunderland" basierte auf den gleichnamigen Fruchtgummisorten und bestand aus 777 einzigartigen Einhörnern die wiederum aus über 150 handgezeichneten Elementen zusammengesetzt wurden. Die NFTs mit einem Preis von ca. 30 Dollar beinhalten neben dem digitalen Objekt Mehrwerte im Realverse. Zum Beispiel eine

Abb. 3.4 Die Katjes NFTs

Einladung zur internationalen Süßwarenmesse in Köln, Einkaufsrabatte für echte Fruchtgummis, limitiertes Merchandise und Zugang zu exklusiven Neuigkeiten von Katjes.

3.4.1 Into the Wunderland. Ein Metaverse Projekt ohne Metaverse?

Wie bereits einige Male in diesem *essential* angesprochen, wird das Metaverse in der Regel als eine Art Erweiterung der realen Welt betrachtet, in der Menschen miteinander interagieren und neue Erfahrungen machen können. In jüngster Zeit wird der Begriff Metaverse auch verwendet, um die zunehmende Verbreitung von Virtual-Reality-Technologien und -Erlebnissen zu beschrieben. Es wird dann vom „Betreten des Metaverses" gesprochen, wenn Menschen oder Marken in virtuelle Welten eintauchen und dort Erlebnisse haben, die sich von denen in der realen Welt unterscheiden. Dies ist bei Katjes nicht der Fall. Der Fruchtgummi-Hersteller besitzt weder ein eigenes Metaverse noch eine Erlebniswelt oder eine Virtual-Reality-Anwendung.

Und dennoch kann Katjes in seiner Kommunikation vom Eintritt in das Metaverse reden denn auch die Realisierung eines NFT-Projekts verdient diese

Bezeichnung. Vielleicht sogar mehr als eine teure virtuelle Welt zu schaffen, in der nichts passiert. Derzeit gilt sogar die Entwicklung eines NFT-Projektes ohne irgendwelche Mehrwerte aber in einer dreidimensionalen Umgebung als erstes Metaverse-Projekt. Dann ist es wohl absolut legitim für ein Projekt, bei dem die Marke NFTs verkauft, die einen Zugang zu exklusiven Mehrwerten und Erlebnissen in einer virtuellen Welt gewähren.

Schon die reine Nutzung von dezentralisierten Technologien – wie die NFT-Technologie – gilt als ein elementarer Baustein des Metaverse. Realisiert also eine Marke wie Katjes ein Blockchain-Produkt oder -Projekt, wird auch dies bereits als Metaverse-Eintritt angesehen, da die dezentralen Technologien die Einbettung ins Metaverse unterstützen. Zur Verdeutlichung: Ein NFT wie das Bild eines virtuellen Einhorns kann von seinem Besitzer in dessen virtueller Kunstgalerie im Metaverse ausgestellt werden. Dank der Blockchain-Technologie und der damit einhergehenden Interoperabilität ist das mit einem Klick zu realisieren.

Aber wann macht das Brand-NFT Sinn und wann das eigene Brandverse? Es gibt keine pauschale Antwort darauf, es hängt in erster Linie von gesetzten Zielen ab. Es nur auf die Kosten zu reduzieren wäre zu einfach, denn auch NFT-Projekte können ähnliche Kosten wie Entwicklung eines eigenen Metaverse-Erlebnis erzeugen, hierbei kommt es schlichtweg auf die Komplexität an.

Ein NFT-Projekt kann immer dann für eine Brand sinnvoller sein, wenn es vorrangig um den Aufbau oder die Pflege einer Community aka Kundenclub geht. Hier funktionieren in der Regel Mehrwerte, die an das NFT gekoppelt sind. Wie bei Katjes Eintrittskarten, Rabatte oder limitierte Fanartikel. Oder das NFT-Projekt ermöglicht den Erwerb von Sammlerstücken oder limitierten Editionen der Markenprodukte. Katjes könnte beispielsweise in Zukunft eine spezielle reale Wunderland-Sorte entwickeln, die nur zugänglich für die Besitzer der NFTs ist. Und vielleicht mit diesen gemeinsam entwickelt worden ist.

Ganz sicher hätte Katjes auch den Weg eines Brandverse „Wunderland" gehen können. Eine virtuelle von Einhörnern besiedelte Welt. Perfekte Plattform für Storytelling rund um Marke und Produkt mit perfekter Ergänzung für das NFT. Mit dem Besitz des NFT wird ein Einhorn-Avatar erzeugt, der virtuelle Mehrwerte und Fähigkeiten im Brandverse ermöglicht und dort als Spielcharakter genutzt wird. In diesem konkreten Fall kann man aber eindeutig sagen, dass dies ein Vielfaches an Budget, Zeit und Community benötigt hätte.

3.4.2   Was macht ein gutes NFT-Projekt aus?

NFT-Projekte generell – nicht nur von Marken – werden in der Regel nach klaren Kriterien betrachtet und bewertet. Wie in fast allen Bereichen des Lebens ist eine positive Bewertung, das gute Rating, eine wohlwollende Berichterstattung über ein NFT maßgeblich für den Erfolg entscheidend. Tatsächlich gilt eine schlechte Bewertung, erfolgend stets durch die erreichte, potenzielle Community, als möglicher Todesstoß des Projektes.

Diese Kriterien sollten jede Marke bei der Realisierung eines NFT-Projektes berücksichtigen:

1. Qualität und Relevanz der Inhalte
2. Mehrwerte
3. Technische Umsetzung
4. Team und Partnerschaften
5. Marktdynamik
6. Community-Management

3.4.2.1   Qualität und Relevanz der Inhalte

Geschmack ist etwas über das sich bekanntlich streiten lässt, dennoch ist die optische Qualität eines NFTs entscheidend. Es gibt dabei keinen bestimmten künstlerischen Stil, der bei NFTs besonders beliebt ist, da die Begeisterung für NFTs sehr stark von den Vorlieben und Interessen der angestrebten Zielgruppe abhängt. Hier gilt es sich, wie bei der Kreation eines neuen Produkts, die Persona der Zielgruppen genau anzuschauen. So hat sich Katjes beispielsweise für eine comichafte Illustration entschieden, sicher nicht zuletzt, weil beim Mega-NFT-Projekt des Bored Ape Yacht Club dieser Stil sehr gut funktioniert hat.

Katjes entwickelte in Vorbereitung 290 einzelne Merkmale als jeweils eigene Illustration. So zeichnete Katjes unterschiedliche Münder, Augen, Haare, Kleidungsgegenstände, Hüte, Brillen, Hörner und vieles mehr. Mithilfe einer besonderen Technologie, der prozeduralen Generierung, konnte Katjes nach Erstellung der diversen, einzelnen Merkmale, allerlei Variationen erstellen. Prozedural generierte NFTs sind stets digitale Kunstwerke, die mithilfe von Algorithmen und Computerprogrammen erstellt werden. Die Besonderheit dieser ist, dass jene Kunstwerke einmalig bleiben und nicht auszutauschen sind, da sie durch einen Prozess entstehen, bei dem das Endergebnis nicht vorherbestimmbar ist.

Katjes beweist Qualität durch das durchdachte und ansprechende Design. Die gewählten Illustrationen und Varianten der Einhörner fügen sich gut und schlüssig in die Welt der NFTs und Metaversen ein. Konzeptionell unterscheidet Katjes den realen Wert hinter den NFTs sichtbar anhand eines entweder hinzugefügten Hintergrund oder eben nicht. So gibt es 700 Einhörner ohne Hintergrund, 70 mit einem Hintergrund und 7 Einhörner, die in die Farbe Gold getaucht wurden. Mit den wertvolleren, limitierten Inhalten schafft Katjes, abgesehen von den unterschiedlichen realen Mehrwerten, rein grafisch höhere Qualität innerhalb der Gesamtkollektion der 777 NFTs.

3.4.2.2 Mehrwerte

Vor dem Kauf eines NFT möchten die Käufer die Mehrwerte des NFTs kennenlernen. Viele NFT-Projekte besitzen spannende Mehrwerte, kommunizieren diese aber nicht ausreichend oder transparent genug den Käufern. Katjes bietet ausnahmslos jedem Käufer für ein Einhorn im Wert von 30 Dollar 20 % Rabattcode für den Katjes-Onlineshop, Zugang zur exklusiven Katjes Community, sowie einen Early Access für zukünftige NFT-Projekte. Ist man Besitzer eines der imitierten Einhörner, erhalten Besitzer sogar noch ein Wunderland-Paket mit allen Wunderland-Sorten, also einer Geschenkbox voll mit Süßigkeiten. Die sieben Besitzer der Legend NFTs wurden als VIPs zur weltweit größten Süßwarenmesse nach Köln eingeladen und erhielten dort die Möglichkeit, Produktneuheiten vor Veröffentlichung zu verkosten. Außerdem erhielten diese einen Jahresvorrat an Katjes Fruchtgummi und Lakritz, einen limitierten Katjes Hoodie sowie die Mehrwerte der anderen NFTs.

Mit der Chance 7 zu 777 den Hauptgewinn zu ziehen und dabei maximal 30 Dollar auszugeben, hat die Fruchtgummi-Marke bewiesen, faire Mehrwerte für einen angemessenen Preis anzubieten. Das Projekt war nach wenigen Stunden ausverkauft und alle 777 Einhörner hatten ihre Besitzer gefunden. Die Nutzen, die die Katjes NFT versprechen sind beeindruckend.

Mehr geht immer. So könnte das Katjes NFT eine bestimmte Funktionalität in einer Anwendung bieten. Beispielsweise könnte ein NFT in einem Videospiel als In-Game-Gegenstand fungieren, der dem Nutzer Vorteile verschafft.

3.4.2.3 Technische Umsetzung

Jedes Metaverse Projekt muss sich vor Beginn für eine Technologie entscheiden, auch ein NFT- Projekt. Ein wichtiger Aspekt der technischen Umsetzung ist hier die Wahl der Blockchain, auf der das NFT gespeichert wird. Es ist wichtig, dass die Blockchain stabil und sicher ist und dass sie die Anforderungen des Projekts erfüllt, zum Beispiel hinsichtlich der Transaktionsgeschwindigkeit oder der Skalierbarkeit.

Katjes suggeriert mit der Auswahl einer nachhaltigen Blockchain das Bild einer bewussten Marke. Dabei setzt das Katjes NFT bei der Technik auf die Infrastruktur von Polygon, die sich aktiv für ein nachhaltiges Web3 einsetzt und sich im eigenen „Green Manifesto" verpflichtet haben, noch im Jahr 2022 Klimaneutralität zu erreichen. Im Gegensatz zum sogenannten Proof-of-Work verwendet Polygon die Proof-of-Stake-Validierung, was einen geringeren Energieverbrauch bedeutet.

Arbeitet das NFT mit Smart Contracts, so muss diese Technik sauber adaptiert werden. Smart Contracts legen die Regeln und Bedingungen fest, unter denen das NFT verkauft wird. Es ist wichtig, dass diese Smart Contracts sorgfältig gestaltet und getestet werden, um sicherzustellen, dass sie fehlerfrei funktionieren.

Der aber wohl entscheidendste Punkt bei der technischen Umsetzung ist die Gewährleistung einer hohen Benutzerfreundlichkeit: Schließlich ist es wichtig, dass das NFT-Projekt für die Nutzer benutzerfreundlich ist und dass sie einfach auf die Plattform zugreifen und NFTs kaufen oder verkaufen können. Insbesondere in Deutschland besitzen viele Personen noch heute Probleme oder Misstrauen gegenüber Blockchain-Technologien. Für die meisten NFTs wird vorausgesetzt, dass die potenziellen Käufer sich eine Wallet erstellen, dort eine Kreditkarte hinterlegen oder aber Kryptowährung bereits auf dieser Wallet verwalten. NFTs werden in der Regel mit Kryptowährung bezahlt. Heute gibt es bereits viele Möglichkeiten, diesen Weg zu vereinfachen. Wichtig ist aber in jeglichem Fall eine klare Anleitung und Erklärung der einzelnen Schritte darzustellen, da häufig Kaufprozesse vor Kaufabschluss aus Verunsicherung abgebrochen werden.

Der Fruchtgummi-Hersteller kommuniziert in einem FAQ auf der Landing Page Schritt für Schritt wie dieser Prozess ausschaut, auch wie man die NFTs später verkaufen kann. Allerdings gilt bei einer solchen Anleitung heute noch: je mehr, desto besser. Videos, die den theoretischen Kauf visuell darstellen erleichtern vielen Personen den Prozess. Auch wenn bereits auf vielen anderen Webseiten und NFT-Projekten dieser Prozess ausreichend beschrieben wurde, ist davon auszugehen, dass viele Käufer ihr erstes NFT bei der jeweiligen Marke einkaufen.

3.4.2.4   Team und Partnerschaften

Es ist auch wichtig, das Team hinter dem NFT-Projekt und mögliche Partnerschaften zu darzustellen. Ein starkes und erfahrenes Team und Partnerschaften mit etablierten Unternehmen können das Vertrauen in das Projekt erhöhen.

1. Erfahrenes Team: Ein starkes und erfahrenes Team kann das Vertrauen in ein NFT-Projekt erhöhen, da es zeigt, dass das Projekt von fähigen und erfahrenen Personen geleitet wird. Das Team sollte aus Experten auf den verschiedenen Gebieten bestehen, die für das NFT-Projekt relevant sind, zum Beispiel aus Experten für Blockchain-Technologie oder Marketing.
2. Partnerschaften mit etablierten Unternehmen: Partnerschaften mit etablierten Unternehmen können ebenfalls das Vertrauen in ein NFT-Projekt erhöhen, da sie zeigen, dass das Projekt von anderen Unternehmen anerkannt und unterstützt wird.
3. Transparente Kommunikation: Eine transparente Kommunikation des Teams und der Partnerschaften kann ebenfalls das Vertrauen in das NFT-Projekt erhöhen, da sie zeigt, dass das Team offen und ehrlich über die Pläne und Aktivitäten des Projekts kommuniziert.
4. Erfolgreiche Vorprojekte: Schließlich können auch erfolgreiche Vorprojekte das Vertrauen in ein NFT-Projekt erhöhen, da sie zeigen, dass das Team in der Lage ist, erfolgreiche Projekte zu realisieren.

Katjes ignoriert in seinem Projekt vollständig dieses Bewertungskriterium. Auf dem Impressum des Projektes erfahren wir lediglich, dass tatsächlich die Marke hinter dem Projekt der Fruchtgummi-Hersteller ist. Selbst wenn Mitarbeiter mit speziellen Erfahrungswerten auf der Seite dargestellt werden, wäre es ein höherer Zugewinn als Garnichts darzustellen. Informationen solcher Art vorzuenthalten, erzeugen Misstrauen und verunsichern potenzielle Käufer eines NFTs. Dieser Umstand bedeutet oft, dass die Entwickler das Projekt als Spielwiese nutzen und selbst noch nicht genau wissen, wo die Reise hinführen soll.

3.4.2.5   Marktdynamik

Außerhalb einer bestehenden, loyalen Community werden insbesondere NFT-Liebhaber schnell auf neue Projekte von Marken aufmerksam. NFT-Liebhaber achten häufig auf die Marktdynamik um ein NFT-Projekt. Dabei wird oft als Erstes Größe und Aktivität der Gemeinschaft, die sich um das Projekt gebildet hat, betrachtet.

Katjes scheint hier jedoch bei der Entwicklung des Projektes kaum Wert darauf gelegt zu haben, da Interessenten an dem NFT-Projekt auf keiner Plattform erkennbar gezeigt und dargestellt wurden. In der Regel nutzen Marken hierfür einen separaten Twitter-Kanal, der das NFT-Projekt darstellt, sowie einen Discord Channel, ein Forum, auf dem sich die Interessenten des Projektes austauschen und mit der Marke in Austausch treten können. Zum Start des NFTs Projektes besitzt Katjes zwar diese Kommunikationskanäle, pflegt diese jedoch nicht.

Dabei kann eine aktive und engagierte Gemeinschaft einen wichtigen Beitrag zum Erfolg eines NFT-Projekts leisten. Eine leidenschaftliche und loyale Community auszubauen ist für viele Marken das Primärziel hinter einem NFT-Projekt. Die Community wird gerne dazu aufgefordert Reichweite und Marketing in Eigenleistung für das NFT-Projekt zu übernehmen. Oftmals wird als Gegenleistung der Community ein Teil des Gewinnes oder weitere NFTs versprochen. Daher ist es wichtig, die Gemeinschaft zu pflegen und zu unterstützen und ihre Meinungen und Ideen zu berücksichtigen.

Eine gute Marketingstrategie kann dazu beitragen, die Sichtbarkeit und die Akzeptanz des NFT-Projekts auf dem Markt zu erhöhen. Dazu können zum Beispiel Online-Marketing-Maßnahmen, PR-Aktivitäten oder Partnerschaften mit anderen Unternehmen genutzt werden. Allerdings erzielen Marketing-Maßnahmen nachhaltig nur dann Mehrwerte, wenn dies im Einklang mit der aufgebauten Community passiert. Vergleichbar wäre es hier mit einer Art Social-Media-Anzeige, die nach dem Klick auf eine 404 Error Seite führen würde. Im dargestellten Case von Katjes wird hier leider gar nichts unternommen und angeboten. So bleibt es eine einmalige Verkaufsaktion, die 777 Besitzer einmalig belohnt.

3.4.2.6 Community-Management

Arbeitet eine Marke mit der aufgebauten Community, spricht man von Community-Management. Für das Gelingen eines NFT-Projekts ein Faktor mit großer Bedeutung, da eine aktive und engagierte Gemeinschaft einen wichtigen Beitrag zum Erfolg des Projekts leistet.

Ein gutes Community-Management umfasst daher die Pflege und Betreuung der Gemeinschaft, die Berücksichtigung von Meinungen und Ideen der Nutzer und die Bereitstellung von Support und Hilfe bei Fragen oder Problemen. Eine offene und transparente Kommunikation mit der Gemeinschaft kann dazu beitragen, das Vertrauen der Nutzer in das Projekt zu stärken und ihre Loyalität zu erhöhen. Die Loyalität der Community ist oftmals nicht auf das NFT-Projekt reduziert, sondern funktioniert in den meisten Fällen für die gesamte Marke. Daher nutzen Brands NFT-Projekte, um Markenbotschafter aufzubauen.

Erfolgreiches Community-Management bedeutet:

- Eine offene und transparente Kommunikation mit der Gemeinschaft. Dazu gehört zum Beispiel die regelmäßige Veröffentlichung von Updates und Neuigkeiten, die Bereitstellung von Support und Hilfe bei Fragen oder Problemen. Besitzer einer NFTs wollen Neuigkeiten einer Marke als erstes erfahren, wollen bevorzugt in der Bekanntgabe von Informationen sein. Oftmals nutzen Besitzer von NFTs diese Premium-Informationen, um sie auf ihren eigenen Kanälen zu verbreiten.
- Engagement der Gemeinschaft. Das bedeutet, sich um die Nutzer zu kümmern, ihre Meinungen und Ideen zu berücksichtigten. Dazu kann man zum Beispiel regelmäßig in den sozialen Medien oder auf Diskussionsforen präsent sein und auf Nutzerfeedback eingehen. Auf Diskussionsforen wie Discord können einfach Umfragen erstellt werden. Eine potenzielle Community wird schneller an die eigene Marke gebunden, wenn diese das Gefühl hat in Entscheidungen berücksichtig zu werden.
- Durchführung von Community-Events, zum Beispiel Live-Chats oder Q&A-Sessions. Im NFT-Bereich spricht man von sogenannten AMAs (Ask & Answer), FAQs in Live-Videoformaten.
- Optimaler Support der User. Dazu kann man zum Beispiel ein Support-Team einrichten oder nutzen, das Nutzern bei Fragen oder Problemen weiterhilft. Wie im E-Commerce Bereich ist auch im Metaverse-Bereich ein guter informierter Customer Care das A und O. Auf Plattformen wie Discord können einfach KIs implementiert und mit den notwendigen Informationen gefüttert werden um diese Prozesse zu vereinfachen.
- Die Integration von Nutzerelementen in das NFT-Projekt. Dazu können zum Beispiel Nutzer-Generated-Content-Features oder Nutzerwettbewerbe genutzt werden.

Neben all diesen Punkten ist es wichtig, dass man sich überlegt, auf welchen Plattformen die Zielgruppe des NFT-Projekts am aktivsten ist und auf diesen Plattformen Community-Management anbietet. Es kann sinnvoll sein, auf mehreren Plattformen präsent zu sein, um möglichst viele Nutzer zu erreichen.

Katjes integrierte erst lange nach dem Verkauf der NFTs einen Discord-Server, der seitdem nicht gut gepflegt wird. Werden aufgesetzte Community-Tools nicht regelmäßig von der Marke gepflegt, wankt die Community und so auch oft der nachhaltige Erfolg eines NFTs.

3.4.3 Katjes. Jes, jes, jes oder no, no, no

Konzeptionell hat Katjes alles richtig gemacht. Zunächst mit der Entscheidung NFT als kleinen, ersten Schritt ins Metaverse. Gelungenes Design, schönes Storytelling, richtige Technologie, einfache Handhabung und klar transportierte Mehrwerte für die NFT-Käufer. Auch die Werte des nachhaltigen, klimaneutralen Unternehmens wurden mit der klaren Wahl einer ökologischeren Blockchain transportiert. Der Erfolg gab der Marke recht, die erste Kollektion der NFTs war schnell ausverkauft.

Aber was ist dann passiert? Ein Jahr lang Schweigen im Zauberwald. Keine nachhaltigen weiteren Mehrwerte für die NFT-Owner. Kein weiterer Plan für die Community, keine weitere Kommunikation. Es hat den Anschein, als wenn das Projekt nur ein Test sein sollte oder Katjes hatte selber nicht mit dem ersten Verkaufs-Erfolg gerechnet.

Seit dem Verkauf der NFTs im Mai 2022 war das Projekt eingeschlafen, was den Besitzern der NFTs sauer aufstieß. Im Community-Forum auf Discord beschwerten sich die Besitzer des NFTs und zeigten keinerlei Community-Loyalität. Und Katjes zeigte ein ganzes Jahr lang keine Reaktion. Jetzt, ein Jahr später und kurz vor Redaktionsschluss unseres essentials startet tatsächlich eine zweite NFT-Kollektion. "Im Wunderland ziehen Wolken auf" heißt das neue Projekt. Wir drücken die Daumen, dass es diesmal nicht wieder dunkle Wolken sind.

3.5 Vier Cases, eine Meinung

Wie eingangs erwähnt war das Ziel, vier möglichst unterschiedliche Beispiele darzustellen. Um möglichst viele verschiedene Learnings zu ermöglichen und um klarzumachen, dass es nicht das eine Metaverse und das einzig richtige Konzept gibt.

Alle Beispiele vereint eine gute Kreativleistung. Die Grundkonzepte sind gut gedacht, die grafische und technologische Umsetzung ist den Plattformenmöglichkeiten entsprechend gut. Klar hat Roblox eine eher rudimentäre, einfache Gaming-Optik und deshalb gehört auch sicher Beatland nicht zu den Projekten der Telekom, für die es Design Awards hageln wird. Aber für die gewählte Zielgruppe und deren Erwartung ist alles erfüllt. Da hatte es der WWF in seiner eigens geschaffenen Welt einfacher, digitale Kunst zu schaffen. Andere Zielgruppe, anderes Ziel, andere Lösung.

Katjes hat mit der märchenhaften Einhorn-Geschichte eine gute Story, eine perfekte Produkt-Adaption und eine echt gut gemachte visuelle Umsetzung geschaffen. Hatte all das aber natürlich auch komplett in eigener Hand. Forbes hingegen musste sich bei der Schaffung ihrer Luxus Mansion an den Möglichkeiten von The Sandbox orientieren. Und die sind beim Full Metaverse natürlich ähnlich wie beim Semi Metaverse Roblox am kleinsten gemeinsamen Nenner ausgerichtet, nämlich der den Usern zur Verfügung stehenden Hardware. Und deshalb sieht es dann auch oft noch aus wie in einem Computerspiel der 90er.

Drei der vier Cases dürfen unter Berücksichtigung aller Kriterien den Stempel „Full Metaverse" tragen. Denn WWF, Forbes und Katjes haben ihre Experiences auf einer Blockchain basiert und so gut es die Projekte und ihre Rahmenbedingungen zulassen Interoperabilität ermöglicht. Das Beatland der Telekom tut das nicht, ist deshalb enggefasst kein „echtes" Metaverse-Projekt. Aber was solls? Die Anzahl der Besucher und die Erreichung der Marketingziele sind überzeugend. Und ganz ehrlich: In den nächsten Jahren wird sich die Definition was Metaverse ist und was nicht ohnehin noch einige Male ändern.

Engagement und Mehrwerte sind sicher beim WWF am besten umgesetzt. Im Metaverse die Welt zu retten oder zumindest etwas dazu beitragen zu können, ist doch ein wirklich lohnender Anreiz. Auch Katjes hat das gut gelöst. Klare Strukturen, gut verständliche Mehrwerte und eine einfache Rechnung das man den Kaufpreis des NFT schon fast wieder mit den Produkten und Zusatznutzen refinanziert. Hier fehlen Beatland natürlich mangels der Blockchain-Anbindung die Möglichkeiten. Aber wer weiß, vielleicht zieht Beatland ja irgendwann mal um. Oder eröffnet eine Filiale im „echten" Metaverse.

Alle vier Projekte haben aber eine weitere, aber leider keine gute Gemeinsamkeit. Fehlende Kontinuität und Dramaturgie. Forbes muss hier fairerweise noch ausgenommen werden, denn das Projekt war bei der Entstehung dieses *essentials* erst wenige Wochen alt. Aber Forbes hat schon beim Grundkonzept gezeigt, dass die Möglichkeiten des Metaverse nicht wirklich verstanden sind. Denn die Forbes Mansion hätte ja viel mehr gekonnt als sie anbietet.

Nein, was gemeint ist der Aufbau einer Spannungskurve, das Weitererzählen der begonnenen Geschichte, die Schaffung, Bindung und Vergrößerung der Community, die Berichterstattung über die Metaverse Experience usw., usw., usw... Die Liste ließe sich fortsetzen.

Im Metaverse des WWF ist man auch in der Neuauflage allein, die Spendensumme wächst nur langsam, die Kommunikation mit der Community ist so gut wie nicht vorhanden, neue Inhalte werden bisher nur angekündigt. Bei Katjes war es so still, dass die Community sich im Discord beschwert aber selbst darauf

keine Reaktion erhalten hat. Einen Zweitmarkt der NFTs, also eine Wertsteige-
rung durch Nachfrage nach einzelnen beliebten Motiven fand bisher so gut wie
nicht statt. Selbst im Beatland ist es für einen Music Club still geworden, nachdem furiosen Auftakt mit DJ Legende Boris Brejcha hat es nichts Vergleichbares
gegeben.

Marken im Metaverse ist der Titel dieses *essentials*. Und das beinhaltet auch
Marketing im Metaverse. Was waren die tatsächlichen Marketingziele bei Forbes,
WWF und Katjes? Was ist der Grund ein Projekt in das Geld und Zeit geflossen
ist, so lieblos zu behandeln? Wollte man nur zu den ersten Marken gehören, die
behaupten können, sie waren ganz zu Anfang dabei? War es also eine reine PR-
oder Image-Maßnahme? Oder sind die Projekte teure Managementspielzeuge?
Hatte man nicht damit gerechnet wieviel tägliche Arbeit bei einem doch eher
kleinen finanziellen Return of Invest entsteht? War die Community zu klein oder
gar nicht vorhanden?

Fragen über Fragen. Die Antworten kennen nur die Markenverantwortlichen selbst. Das folgende letzte Kapitel beschäftigt sich trotzdem oder gerade
deswegen mit den Voraussetzungen für den Best Case.

Literatur

Forbes Metaverse Hub (2022), Forbes enters The Sandbox, https://www.sandbox.game/
    en/experiences/forbes-metaverse-hub/1a7e6cfc-8112-4ae2-a5cb-2f351d3e06d7/. zuletzt
    zugegriffen 09.01.2023
Katjes Fassin (2022), Katjes Wunderland NFT, https://nft.katjes.de/
Telekom Electronic Beats (2022), Roblox, https://www.roblox.com/games/8528736393/Bea
    tland. Zuletzt zugegriffen 09.01.2023
World Wildlife Fund for Nature (2022), Operation #oceandetox, https://www.savespecies.
    world

Best way to best case

4

Dieses *essential* trägt bewusst den Titel „Marken im Metaverse". Es zeigt Chancen und Risiken, stellt verschiedene Cases dar und spricht auch über die Herausforderungen und deren Lösungen. Es setzt voraus, dass die Hausaufgaben des Markenaufbaus und der Markenführung bekannt und idealerweise bereits gemacht sind. Es setzt voraus, dass die Grundlagen für erfolgreiches Marketing vorhanden sind und das Web3.0 und seine Metaversen als Ergänzung und Erweiterung der bestehenden Marketingaktivitäten einer Marke verstanden werden. Als Weiterentwicklung, als Blick in die Zukunft, als nächster Schritt auf dem Weg zu neuen Zielgruppen und Zielen.

Daher zeigt dieses *essential* zum guten Schluss auf, was eine gut geführte Marke für ihren Erfolg im Metaverse tun kann. Im Umkehrschluss natürlich auch, wer besser mit dem Schritt ins Metaverse wartet oder es vielleicht sogar besser ganz bleiben lässt. Das alles natürlich auf dem Wissens- und Technologiestand des Jahres 2023. Ein Hellseher wer schon glaubt zu wissen, was in diesem *essential* in seiner hoffentlich 5. Auflage im Jahr 2029 steht.

4.1 Die Basis des Erfolgs

Der Schritt auf ein solch unbekanntes Terrain wie das Metaverse setzt ein stabiles Markenfundament voraus. Denn gerade, weil hier so viel neu und möglich ist braucht es diese Stabilität. Man kann nur Neues für eine Marke versuchen und testen, man kann dafür nur bewusst das Markenbild ein Stück weit verlassen, wenn es eine klare Brand Identity gibt.

Wenn eine Marke also noch auf der Suche nach ihrer Herkunft, ihrer Mission, ihren Werten, ihrem USP und Kundennutzen ist, wenn sie keine klar erkennbare

D. Griese und T. Inden-Lohmar, *Marken im Metaverse*, essentials,
https://doi.org/10.1007/978-3-658-40951-7_4

Identität hat, wenn sie noch nicht sicher ist, wie sie aussieht und wie sie spricht, dann kommt der Schritt ins Metaverse zu früh.

Denn das Metaverse ist die „arena for storytelling". Wer hier keine Geschichten zu erzählen hat ist von vorneherein verloren. Was sich im klassischen Marketing noch mit Preis oder reinem Produktnutzen kaschieren lässt, wird im Metaverse gnadenlos demaskiert. Hier helfen – noch – keine Rabattaktionen oder Produktfeatures.

Was bedeutet, dass neben dem klaren Markenkonzept ein ebenso klares Marketingkonzept vorhanden sein muss. Klingt selbstverständlich? Ist es aber nicht, denn erfahrungsgemäß ist alles Neue im Marketing am Anfang entweder auf Top-Management-Niveau oder auf Werkstudenten-Ebene zu Hause. Wenn es spannend genug ist und Status verspricht, kümmert sich das Management gerne selbst. Ist es eher auf dem Level „Wir müssen da auch was machen" wird es gerne dort platziert, wo die geringste Gegenwehr für die Übernahme der Aufgabe zu erwarten ist.

Im Fall des Metaverse kommt noch eine dritte Möglichkeit dazu, das Zufallsprinzip. Von wem im Unternehmen bekannt ist, das er oder sie schon länger im Privaten mit Krypto tradet oder ein NFT besitzt, die werden die neuen Metaverse Beauftragten. Alle drei Möglichkeiten sind alles andere als optimal, alle drei sprechen nicht für die strategische Integration des Metaverse ins Marketing. Und das ist unabdingbare Voraussetzung.

Zusammengefasst: Macht sich eine Marke auf den Weg ins Metaverse sollte sie

1. **ein gelebtes und stabiles Markenkonzept haben, dass eine Transformation in diese neue, für das Unternehmen und die Marke unbekannte Welt aushält,**
2. **über ein kreatives und fundiertes Marketingkonzept verfügen, das eine Digitalisierung der Marke vorsieht, bzw. möglich macht,**
3. **die Möglichkeit haben eine kleine, aber übergreifende Metaverse Task Force zu bilden. Ein Team in dem sich je nach Zielgruppen und Zielsetzungen alle benötigten Kompetenzen wiederfinden. Nicht nur Marketing, sondern von IT, Sales, interner und externer Kommunikation, Social Media bis zu Human Ressources und Law. Je nachdem, wo die Reise im Metaverse hingehen soll. Das ist am Anfang noch für niemand ein Full Time Job. Aber es ist fatal, ein Metaverse Konzept im Elfenbeinturm des Marketing zu entwickeln.**

4.2   Die Zielgruppe ist ein scheues Tier

Klingt etwas schräg, ist aber im Metaverse noch so. Und deshalb muss, wenn die obigen drei Punkte abgehakt werden können, die banalste aber anscheinend schwierigste Aufgabe erfüllt werden. Die Antwort auf die drei Fragen:

- Was wollen wir im Metaverse?
- Wen wollen wir dort erreichen?
- Wo und wie besteht zu Beginn des Projekts realistisch die Möglichkeit diese Ziele und Zielgruppen zu erreichen?

Rückbetrachtend auf die vier Cases in diesem *essential* können wir tatsächlich nur beim Case „Beatland" der Deutschen Telekom mit großer Wahrscheinlichkeit voraussetzen, dass genau diese drei Fragen beantwortet worden sind. Denn die Entscheidung für die Online-Gaming-Plattform „Roblox" mit dem Ziel „Imageaufbau und Bekanntheit" bei der Zielgruppe „Generation Alpha", also den Telekommunikations-Kunden von morgen, macht Sinn und ist eine ausgezeichnete Basis für das kreierte Konzept.

Die Beantwortung dieser drei Fragen ist die essenziellste Grundlage für die Entscheidung, ob ein Engagement ins Metaverse für eine Marke überhaupt Sinn macht. Nehmen wir als Beispiel das schon in den Cases erwähnte Full Metaverse The Sandbox. Milliardenbewertung hin oder her, Präsenz von Personal oder Corporate Brands wie adidas, Warner Music Group, Time, Snoop Dogg, The Walking Dead oder Atari absolut für gut befunden. Aber besucht man dieses Metaverse ist man in der Regel nahezu allein. Das mag bei einzelnen dort stattfindenden Events anders sein, aber je nachdem wen man fragt, werden monatliche Besucherzahlen von ca. 10.000–50.000 genannt. 24/7 und weltweit. Ähnliches wird über das ähnlich gehypte Decentraland kolportiert. Wer also aktuell hier seine Metaverse Experience plant sollte sich auf einen sehr überschaubaren Zielgruppenkontakt einstellen. Um dort also Imageaufbau in neuen Zielgruppen zu betreiben sicher keine ideale Wahl.

Anderes Ziel, anderer Case. Eine Marke möchte ein Core Community aufbauen, echte bestehende Fans der Marke stärker binden, neue noch nicht vorhandene Fans generieren. Sicher keine ideale Aufgabe für ein eigenes Brandverse wie es in unseren Cases der World Wildlife Fund geschaffen hat. Ein eigenes NFT-Projekt wie im Beispiel von Katjes könnte für dieses Ziel ein richtiger Schritt ins Metaverse sein.

Aber auch hier muss die dritte der oben genannten Eingangsfragen klar beantwortet werden: Wo finde ich meine Zielgruppe? Das bedeutet auch die Fragen zu beantworten:

- Woher sollen die zukünftigen Community-Mitglieder kommen?
- Welche Zielpersonen können aus dem eigenen CRM beigesteuert werden?
- Wie groß sind bereits bestehende Communities auf den eigenen Social-Media-Plattformen?
- Gibt es bereits bestehende Partnerschaften mit reichweitenstarken Influencern?
- Gibt es potenzielle Partner mit analogen Zielgruppen, die den Pool der möglichen Community Mitglieder vergrößern?

Sowohl für das eigene Brandverse wie auch für die NFT-Strategie kann natürlich über Mediabudgets und Performance Marketing Reichweite, Bekanntheit und Awareness aufgebaut werden. Theoretisch. Denn praktisch bleibt die Frage, an wen was und wo die Werbung ausgespielt werden soll? Und mit welchem ROI (Return of Invest) ist dann am Ende des Tages zu rechnen?

Zusammengefasst

1. **Ohne klare Zieldefinition und ohne ebenso klare Festlegung der angestrebten Zielgruppe macht eine Metaverse Experience für Marken keinerlei Sinn. Viele der aktuellen Projekte lassen genau das vermissen, sehen eher nach Try- & Error-Konzepten aus oder als Status „Wir waren damals die Ersten". Was natürlich ein Ziel sein kann, aber dafür ist das Geld und die Zeit eigentlich zu schade.**
2. **Bevor man sich in die Kreativphase stürzt, Ideen in die Welt setzt braucht es mit Hilfe fachlicher – wenn nötig auch externer – Expertise eine Recherche und Einschätzung was das richtige Projekt im richtigen Web3.0 Umfeld sein könnte. Oder ob eine Umsetzung im Web2.0 mit einer späteren Weiterentwicklung der richtige Weg sein könnte. Metaverse um jeden Preis ist definitiv der falsche Weg.**
3. **Community, Community, Community. Es kann an dieser Stelle nicht oft genug wiederholt werden. Das Metaverse ist ein „community addicted place". Sicher bekommt man als bekannte Consumer Brand 777 NFTs unter Mitarbeitern, Freunden des Unternehmens und Stammkunden verkauft. Aber was ist das für eine Zielgruppe und was für ein Ziel? Wenn ein wirklich nachhaltiges Projekt entstehen soll, ein Projekt, das neue Botschafter für die Marke generiert, höheres Wiederkäufer-Potential generiert und vielleicht**

sogar Einnahmen über einen Zweitmarkt der NFTs schafft, dann braucht
es eine Community. Und die zu schaffen, zu aktivieren, zu binden und zu
vergrößern ist die meiste Arbeit im Metaverse.

4.3   Story is king

Storytelling ist sicher eines der Buzzwords im Marketing der Gegenwart und
Zukunft. Jede Marke, die ihr Handwerk versteht, hat diese einfache Regel in ihrer
Kommunikation inzwischen mehr oder weniger verinnerlicht. Aber auch hier sind
die Gesetzmäßigkeiten des Metaverse nochmal gewichtiger, denn die neuen Möglichkeiten, die das Web3.0 und seine Metaversen bieten, brauchen Geschichten.
Warum soll ein Markenerlebnis mit hohem Aufwand immersiv gestaltet werden,
wenn es keine ganz eigene Geschichte erzählt? Was soll ein NFT-Projekt, das
nach dem durchaus erfolgreichen Verkauf der NFTs einschläft und die Community nicht weiter unterhält. Was bringt eine Geschichte, die nach zwei Wochen
erzählt ist?

Es ist erstaunlich, wie Marken aktuell die früher mehr als einmal gemachten
Fehler wiederholen. In jedem Social-Media-Seminar für Anfänger lernt man, wie
wichtig eine nachhaltig zu erzählende Markenstory ist. Wie darüber Marken eine
Seele gegeben werden kann. Wie aus einfachen Produktinformationen mit Werten
und Emotionen packende und gut zu erzählende Geschichten werden, die von den
Kunden von heute und morgen erwartet werden. Markenbindung entsteht über
Authentizität, über eine Wertegemeinschaft zwischen Marke und Kunde.

Und hier liegt die eigentliche Chance als Marke auch jetzt schon ins Metaverse zu gehen. Um nicht nur einfach die Geschichte zu erzählen, die schon oft
genug in Print, FFF oder in Social Media erzählt worden ist. Sondern sie mit
neuen, bisher nicht vorhandenen Möglichkeiten zu erzählen. Immersiv, interaktiv,
mehrdimensional, grenzenlos.

The story is king. Denn die Story einer Marke ist die Unterscheidbarkeit, die
Alleinstellung, der Mehrwert für potenzielle und bestehende Kunden. Und damit
am Ende des Tages der Grund zu kaufen oder wieder zu kaufen. Und darum
geht es. Immer. Marke und Marketing ist kein Selbstzweck, es geht nicht darum
Kreativpreise zu gewinnen oder First Mover gewesen zu sein. Es geht darum,
als Marke erfolgreich zu sein und Geld zu verdienen. Und auch wenn es sich
manchmal verrückt anhört. Geschichten verkaufen.

Zusammengefasst

- Das Metaverse liebt und braucht Geschichten. Es ist ein Ort der Kreativität. Und es bietet die Möglichkeit, als Testlabor zu fungieren. Mutig zu sein und Neues auszuprobieren. Der digitale Zwilling der realen Markenkommunikation ist kein gangbarer Weg ins Metaverse. Nennen wir es lieber den digitalen Cousin oder die digitale Nichte mit unverkennbarer Ähnlichkeit und klarer Zugehörigkeit zur Familie. Das ist der Weg für die ersten Schritte ins Metaverse. Die durchaus bekannte Markenstory auf eine neue Art und Weise erzählen, visionär interpretieren. Und wenn es nicht der durchschlagende erste Erfolg wird, dann sind es wertvolle Erfahrungen auf dem Weg in die Zukunft des Internets.

4.4   Der erste vor dem zweiten Schritt

Wir sind am Ende. Aber nur am Ende dieses *essentials*. Und immer noch am Anfang der Zukunft. Es wird noch dauern. Dauern bis Web3.0 und Metaverse, bis Krypto und NFT, bis Wallet und Smart Contract zu festen Bestandteilen vieler Markenuniversen und Marketingkonzepte gehören. Es wird Marken geben, für die ein eigenes Brandverse keinen Sinn macht, heute nicht und auch nicht in Zukunft. Es wird Marken geben, die auch ohne jemals ein NFT auf den Markt gebracht zu haben erfolgreich ihr Business gestalten. Es wird Marken geben, für die ein immersives und dreidimensionales Erleben ihrer Produkte keinen Mehrwert für ihre Kunden schafft.

Das Credo dieses *essentials* ist mutig zu sein. Jetzt, und genau jetzt sich die richtigen ersten Gedanken zu machen. Sich die richtigen Fragen zu stellen, sich professionelle Expertise zu holen und auch jetzt schon Budgets bereitzustellen. Aber nicht um sinn- und planlos irgendetwas an den Start zu bringen. Sondern vielleicht zu erkennen, die Zeit ist noch nicht reif. Und wenn sie reif scheint, mit ersten, gut überlegten Schritten zu beginnen.

Dafür sollte dieses kleine Buch ein Denkanstoß, eine Hilfestellung sein. Marken im Metaverse. Chancen und Risiken. Best and Worst Cases. Herausforderungen und Lösungen. Eins ist sicher. Wir sehen uns im Metaverse. Wo und wann auch immer…

Was Sie aus diesem *essential* mitnehmen können

- Die Macht der Marke ist keine Erfindung der Neuzeit. Personal Brands, Love Brands oder FOMO sind eigentlich nur alter Wein in neuen Schläuchen
- Der Aufbau und die Führung einer Marke steht vor großen neuen Herausforderungen, bekommt aber auch durch das Metaverse völlig neue Möglichkeiten
- Das Metaverse bedient sich einer fast komplett neuen Sprache. Nur wer „metaversisch" spricht und versteht, kann erfolgreich im WEB3 unterwegs sein. Minten, Burnen, Smart Contracts, Wallet oder NFT sind nur einige Beispiele die es zu können gilt
- Es geht nicht darum in jedem Fall zu den „First Movern" zu gehören. Eine vernünftige Analyse, ob der Schritt ins Metaverse Sinn macht, steht am Anfang
- Eine Experience im Metaverse braucht Ressourcen. Hierbei geht es nur sekundär ums Budget, sondern in erster Linie um Zeit. Denn ganz gleich ob solitäres NFT-Projekt oder komplexes Brandverse. Beides sind eher Marathon-Läufe als Sprints und brauchen Vorbereitung und Durchhaltevermögen
- Das Metaverse ist eine neue Bühne des Storytellings. Nur die Marke wird dort erfolgreich sein, die spannende, nachhaltige und gute Geschichten erzählt. Und dafür braucht es ein Publikum, die Community. Und die Community, ihr Engagement und ihre Loyalität sind der Schlüssel zum Erfolg.

Printed in the United States
by Baker & Taylor Publisher Services